DIE EUROPAIDEE

Die Europaidee

im Zeitalter der Aufklärung

Texte zusammengestellt von
Rotraud von Kulessa und Catriona Seth

https://www.openbookpublishers.com

Open Book Classics Series, Bd. 8 | ISSN: 2054-216X (Druckversion); 2054-2178 (online)

ISBN Taschenbuch: 978-1-78374-398-8
ISBN Gebundene Ausgabe: 978-1-78374-399-5
ISBN Digitale (PDF): 978-1-78374-400-8
ISBN ebook Ausgabe (epub): 978-1-78374-401-5
ISBN ebook Ausgabe (mobi): 978-1-78374-402-2
DOI: 10.11647/OBP.0127

Titelbild: Cannibal Queen, *Colours* (2011), https://www.flickr.com/photos/cannibal_queen/5791733736. Titelblatt entworfen von Heidi Cobourn.

Das von Open Book Publishers verwendete Papier entstammt der SFI (Sustainable Forestry Initiative) sowie der PEFC (Programme for the Endorsement of Forest Certification Schemes).

Gedruckt in Großbritannien, den USA und Australien
von Lightning Source für Open Book Publishers.

Inhaltsverzeichnis

Um die Lektüre übersichtlich zu gestalten, haben wir für die einzelnen Textausschnitte zusammenfassende Titel gewählt, die fett gedruckt nach dem Autorennamen und Titel des Textes erscheinen.

Didier Robert de Vaugondy, *Universal Atlas* (1737), kartennummer 14.
© Bibliothèques-Médiathèques de Metz ATR 5132.

Vorwort

Am 25. März 2017 haben die Römischen Verträge, mit denen die
Grundpfeiler der Europäischen Wirtschaftsunion gesetzt wurden,
ihr 60-jähriges Bestehen gefeiert. Am *Palazzo dei Conservatori* auf dem
Kapitol hatten sich Vertreter der sechs Gründungsstaaten – Belgien,
Niederlande, Luxemburg, Frankreich, Italien und die Bundesrepublik
Deutschland – zusammengefunden, um sich über eine europäische
Einigung zu verständigen. Die zwölf Unterzeichner, darunter Vertreter
von Universitäten, Juristen, Diplomaten, von denen einige während
des Krieges dem Widerstand angehört hatten oder in Gefangenschaft
gewesen waren, wollten den Zusammenhalt zwischen ihren Ländern
stärken und durch intensivierte Handelsbeziehungen den Frieden
auf dem Kontinent sichern. Heute, 60 Jahre danach, sieht sich die
Europäische Union, die nunmehr 28 Mitglieder zählt (oder bald nur noch
27 wegen des anstehenden Brexits), immer stärkeren Anfeindungen
ausgesetzt. Der Euroskeptizismus macht sich überall breit. Populistische
Strömungen in ganz Europa versprechen einer – zumindest in Teilen –
zunehmend verunsicherten Bevölkerung Schutz vor den vermeintlichen
Anfeindungen durch Mondialisierung und Globalisierung durch die
Rückkehr zum Nationalismus oder anderen Partikularismen.

Angesichts der aktuellen Herausforderungen – nicht zuletzt
politischer Natur – mit denen sich viele europäische Staaten
konfrontiert sehen, haben sich die Aufklärungsforscher entschlossen,
auf die Geschichte der Europaidee zurückzukommen. Bereits im 18.
Jahrhundert und zuvor besann man sich auf gemeinsame Werte und
eine gemeinsame Geschichte; die damals gestellten Probleme ähneln

     https://doi.org/10.11647/OBP.0127.02

in vielen Bereichen den heutigen. Die Autoren und Philosophen der Aufklärung haben so bereits über die Möglichkeiten einer europäischen Einigung zur Sicherung des Friedens auf dem Kontinent nachgedacht. Die Texte der vorliegenden Anthologie, verfasst sowohl von den großen Denkern der Zeit (Rousseau, Montesquieu, Voltaire, Kant, Hume oder Germaine de Staël), wie auch weniger bekannten oder gar in Vergessenheit geratenen, präsentieren, mit einigen chronologischen Exkursen (von Sully bis Victor Hugo), die Ideen der Denker eines weit gefassten 18. Jahrhunderts zu Europa, seiner Geschichte, seiner Vielfalt, aber auch zu den Gemeinsamkeiten der Nationen, die trotz ihrer Vielfalt eine geographische Einheit bilden. Die Texte zeigen uns so die historischen Ursprünge des Projektes der europäischen Einigung, wie im *Projet pour rendre la paix perpétuelle en Europe* (1713). Abbé de Saint-Pierre, Autor dieser Abhandlung, versuchte innovative Lösungen für die Konflikte zu finden, die Frankreich sowie die Nachbarstaaten im Zuge des Spanischen Erbfolgekrieges erschütterten; statt eines Kräftegleichgewichtes schlägt er eine europäische Union vor, mit einer assoziierten Türkei und den Maghrebländern, um ihre Einbindung in den ökonomischen Einigungsprozess sicherzustellen.

Wie er machen auch Andere Vorschläge für eine europäische Zukunft. Manchmal irrten die Autoren und Autorinnen, wie wir heute mit entsprechendem zeitlichen Abstand erkennen können. Zuweilen entsprechen ihre Ansätze nicht unseren heutigen Vorstellungen oder sie erscheinen uns nunmehr obsolet. Allerdings haben sie eines gemeinsam: Sie haben über die Möglichkeit der Einheit Europas in seiner einzigartigen Vielfalt nachgedacht und damit Zukunftsvisionen für den Kontinent entworfen.

Auch wenn zu Beginn des 19. Jahrhunderts die Idee der Nationalcharaktäre- und identitäten immer wichtiger wird, werden Intellektuelle wie Germaine de Staël, an die der Prinz de Ligne schreibt: „Man sollte Sie nur als 'Genie Europas' anreden", oder aber wie Victor Hugo, der ein föderales Europa nach dem Modell der Vereinigten Staaten anstrebt, nicht müde, auf die Notwendigkeit eines vereinten Europas zur Sicherung des Friedens hinzuweisen. In seiner berühmten Ansprache im Rahmen des Friedenskongresses von 1849 kündigt Hugo eine Zeit an, in der ein Krieg zwischen London und Paris, zwischen Sankt Petersburg und Berlin, zwischen Wien und Turin genauso absurd und unmöglich wie ein Krieg zwischen Rouen und Amiens oder zwischen Boston und Philadelphia sein werde und macht sich somit zum Verkünder einer strahlenden Zukunft: „Es wird der Tag kommen, an dem Frankreich und Ihr in Russland, Ihr in Italien, Ihr in England und Ihr in Deutschland, Ihr alle Nationen des Kontinents, alle, ohne Eure unterschiedlichen Qualitäten, ohne Eure großartige Einzigartigkeit zu verlieren, in einer engen und höheren Vereinigung verschmelzen werdet. Und Ihr werdet in Europa verbrüdert sein, wie die Normandie, die Bretagne, die Bourgogne, Lothringen, das Elsass, wie alle unsere Provinzen in Frankreich aufgegangen sind." Hugo gab diesem Konstrukt, das den Visionen der heutigen Föderalisten entsprach, den Namen 'Vereinte Staaten von Europa'. Auch dachte er bereits an den technischen Fortschritt, der die brüderliche Vereinigung vorantreiben sollte: „Dank der Erfindung der Eisenbahn wird Europa bald nicht größer sein als Frankreich im Mittelalter! Dank der Dampfschifffahrt überqueren wir heute die Ozeane leichter als früher das Mittelmeer. Bald wird der Mensch die Erde durchqueren wie die Götter Homers den Himmel, das heißt mit drei Schritten. Noch einige Jahre, dann wird der elektrische Draht der Eintracht den Erdball umspannen und die Welt umarmen."

Der Optimismus Hugos hat sich erst einmal nicht bewahrheitet, wenn wir an die aufkommenden populistischen Strömungen und die Fremdenfeindlichkeit denken, die heute die Beziehungen zwischen den europäischen Staaten vergiften. Allerdings stellt er für uns, die wir uns nicht vom Geist des Argwohns beherrschen lassen und die wir uns mit unserem gemeinsamen Erbe und unserer gemeinsamen Zukunft identifizieren und die wir unsere Unterschiede als zu teilende Bereicherung empfinden, einen Hoffnungsschimmer dar. Lasst uns Gibbon zuhören, für den der wahre Philosoph europäisch denken muss und sich nicht von nationalen Grenzen einengen lässt. Schauen wir auf die Vorschläge Benjamin Constants, mit denen er das Ende der Kriege herbeizuführen gedenkt. Die Ansichten der Denker der Aufklärung, auch wenn diese uns zuweilen etwas überholt oder gar eurozentristisch erscheinen, haben es verdient, noch einmal betrachtet zu werden. Wir sind ihre Erben. Unsere Nachkommen könnten eines Tages Rechenschaft verlangen für das, was wir aus diesem intellektuellen Erbe gemacht haben. Die vorliegende Anthologie, Frucht einer internationalen

Zusammenarbeit, bietet eine Vielzahl unterschiedlicher Ansätze und Ideen und kann – ganz nach den Interessen der Leser und Leserinnen – kursiv gelesen werden. Sie ist für alle Europäer und Europäerinnen gedacht und deshalb sowohl auf Deutsch als auch auf Französisch und Englisch veröffentlicht worden.[i]

Die HerausgeberInnen möchten an dieser Stelle ganz herzlich allen Kolleginnen und Kollegen sowie auch Studierenden danken, die an der Herausgabe der französischen Originalausgabe sowie an der deutschen Übersetzung mitgearbeitet haben: Nicolas Brucker (Metz), Denis de Casabianca (Marseille), Carole Dornier (Caen), Fabio Forner (Verona), Marie-Claire Hoock-Demarle (Paris), Juan Ibeas (Vitoria), Frank Reiser (Freiburg), Ritchie Robertson (Oxford und Göttingen), Lydia Vázquez (Vitoria), Ivana Lohrey (Augsburg), Christina Schönberger (Augsburg), Sinah Friederike Helene Brücker (Augsburg), Mirjam Steiner (Augsburg), Angelika Pfeil (Augsburg), Jonathan Schmollinger (Augsburg). Weiterhin gilt unser Dank den Universitäten Augsburg und Oxford wie der Société française d'étude du XVIIIe siècle.

---

[i]   Die Textausschnitte, die nicht in deutschsprachigen rechtefreien Ausgaben vorhanden waren, wurden von den an diesem Editionsprojekt Mitwirkenden übersetzt. Orthographie und Zeichensetzung wurden modernisiert.

1. Eine Hymne für Europa

 *Ein Gedicht Friedrich Schillers (1759-1805),[i] die „Ode an die Freude" mit der Musik der 9. Symphonie von Ludwig van Beethoven, ist zur Europahymne geworden, nachdem sie nicht zuletzt in den Konzentrationslagern erklungen war. Als Symbol der Versöhnung bürgt sie zum einen für eine gemeinsame klassische Kultur als auch für das Streben nach einer Zukunft in Frieden und Verbrüderung. Das 1785 verfasste Gedicht steht unter dem Einfluss des Pietismus derer, die Schiller nahestanden, zeugt aber auch von einem Geist der intellektuellen Öffnung.*

O Freunde, nicht diese Töne!
Sondern laßt uns angenehmere anstimmen
und freudenvollere.

Freude, schöner Götterfunken
Tochter aus Elysium,
Wir betreten feuertrunken,
Himmlische, dein Heiligtum!
Deine Zauber binden wieder
Was die Mode streng geteilt;
Alle Menschen werden Brüder
Wo dein sanfter Flügel weilt.

Wem der große Wurf gelungen,
Eines Freundes Freund zu sein;
Wer ein holdes Weib errungen,

Mische seinen Jubel ein!
Ja, wer auch nur eine Seele
Sein nennt auf dem Erdenrund!
Und wer's nie gekonnt, der stehle
Weinend sich aus diesem Bund!

---

i   https://commons.wikimedia.org/wiki/File:Anton_Graff_Schiller_(1).jpg

     https://doi.org/10.11647/OBP.0127.01

Freude trinken alle Wesen
An den Brüsten der Natur;
Alle Guten, alle Bösen
Folgen ihrer Rosenspur.
Küsse gab sie uns und Reben,
Einen Freund, geprüft im Tod;
Wollust ward dem Wurm gegeben,
und der Cherub steht vor Gott.

Froh, wie seine Sonnen fliegen
Durch des Himmels präct'gen Plan,
Laufet, Brüder, eure Bahn,
Freudig, wie ein Held zum Siegen.

Seid umschlungen, Millionen!
Diesen Kuß der ganzen Welt!
Brüder, über'm Sternenzelt
Muß ein lieber Vater wohnen
Ihr stürzt nieder, Millionen?
Ahnest du den Schöpfer, Welt?
Such 'ihn über'm Sternenzelt!
Über Sternen muß er wohnen.

Friedrich Schiller, „Ode an die Freude" (1785).[ii]

Text im Original (Ausgabe von 1808):
https://de.wikisource.org/wiki/Ode_an_die_Freude

---

ii   In Klammern ist jeweils das Jahr der Erstveröffentlichung des Originaltextes angegeben, unabhängig von der verwendeten Ausgabe oder Übersetzung.

2. Das große Projekt des Heinrich IV.

*Die Memoiren des Maximilien de Béthune, Herzog von Sully (1559-1641),[i]
sind das einzige Zeugnis, das wir von dem großen Projekt eines vereinten
christlichen Europas Heinrich IV., König von Frankreich (1553-1610), besitzen.
Sully erschien das Projekt gar so utopisch, dass er dem Monarchen erst einmal
gar nicht zuhören wollte, als dieser von „einem politischen System, das erlauben
würde, Europa wie eine große Familie zu führen" sprach. Heinrich IV. dachte,
keine Nation könne sich dieser Idee sperren angesichts der großen Vorteile, die
sie mit sich bringen würde: „Die Vorteile, die es mit sich brächte, abgesehen von
dem unschätzbaren Wert des Friedens, übersteigen bei weitem die Kosten dieses
Projektes" Im Kontext der politischen Konflikte der damaligen Zeit ging es
ihm insbesondere darum, die Macht der spanischen Krone einzudämmen sowie
der Religionsstreitigkeiten Herr zu werden. Zu diesem Zweck berät er sich
auch mit der englischen Königin Elisabeth, die sein Projekt unterstützenswert
findet. Die Idee Heinrich IV. inspirierte nicht zuletzt das Friedensprojekt des
Abbé de Saint-Pierre im XVIII. Jahrhundert.*

Er [Heinrich IV.] wollte Frankreich auf alle zukünftigen Zeiten glücklich
machen: Und da es diese vollkommene Glückseligkeit nur durch dieses

---

i　　https://commons.wikimedia.org/wiki/File:Maximilien-de-Sully.jpg

Mittel erlangen kann, dass Europa in gewissem Sinne dasselbe mit ihm teile; so umfasste sein Plan das Wohl der ganzen Christenheit, und dieses wollte er so fest gründen, dass in der Folge durchaus nichts im Stande wäre, den Grund desselben wanken zu machen.

Die Unruhen, die die folgenden Jahre ganz erfüllten: Der im Jahr 1595 entstandene Krieg, der auf den Frieden zu Vervins erfolgte Krieg mit Savoyen setzten den König in Verlegenheiten, welche ihn nötigten, alle anderen Geschäfte bei Seite zu legen. Erst nach seiner Vermählung und nachdem der Friede ganz befestigt war, konnte er sein ehemaliges Projekt wieder vornehmen, das jetzt völlig unmöglich schien oder wenigstens entfernter als jemals.

Nichtsdestoweniger teilte er dasselbe der Königin Elisabeth schriftlich mit und dieses flößte ihnen dieselbe Begierde ein, sich im Jahr 1601 zu unterreden, als diese Prinzessin nach Dover kam und der König nach Calais reiste. [...] Ich fand sie ganz beschäftigt mit Nachdenken über die Mittel, die die Ausführung dieses großen Entwurfs erleichtern konnten, und ungeachtet der Schwierigkeiten, die sie sich bei den zwei Hauptpunkten, der Eintracht zwischen den Religionsparteien und der Gleichheit der Staaten, vorstellte; so schien sie mir doch an der Möglichkeit eines glücklichen Ausganges nicht zu zweifeln. [...]

Der Tod des Königs von Spanien schien uns das glücklichste Ereignis für unser Projekt: Allein das Ableben der Königin Elisabeth versetzte demselben einen so empfindlichen Streich, dass wir darüber beinahe alles aufgegeben hätten. Heinrich erwartete weder von den Nordischen Monarchen noch von dem König Jakob, dem Nachfolger jener Prinzessin, da er seinen Charakter kennen gelernt hatte, dass einer von ihnen ebenso geneigt sein würde, ihm diese Bürde tragen zu helfen, als die verstorbene Königin gewesen war. Gleichwohl trösteten ihn die neuen Alliierten, die er mit jedem Tag in Deutschland und selbst in Italien erhielt, ein wenig über diesen Verlust. [...]

Was forderte er [Heinrich IV.] von den Einwohnern Europas? Nichts anders als ihre Unterstützung zur Erreichung seiner Absichten, sie in diejenige Lage zu versetzen, worein sie seit langem aus allen Kräften zu kommen sich bemüht haben. [...]

Er hat Mittel gefunden, alle seine Nachbarn zu überzeugen, es sei seine einzige Absicht, sich selbst und ihnen die unermesslichen Summen zu ersparen, die die Unterhaltung so vieler tausend Soldaten, so vieler befestigter Städte und so viele andere, das Kriegswesen betreffende, Ausgaben erfordern; sie auf immer von der Furcht vor jenen blutigen und in Europa so gewöhnlichen Katastrophen zu befreien; ihnen eine unzerstörbare Ruhe zu verschaffen und endlich sie alle durch ein unauflösliches Band zu vereinigen, so dass alle diese Prinzen in der Folge als Brüder untereinander hätten leben und einander als gute Nachbarn, ohne das Lästige des Zeremoniells, ohne den Aufwand des Gefolges hätten besuchen können, besonders, da man sich dieses Mittels immer bediente, um einander zu blenden, und oft, um sein Elend darunter zu verbergen. [...]

Gleichwohl bin ich überzeugt, dass dieser Gedanke allen diesen Fürsten so gut würde gefallen haben, dass sie, nachdem sie erst vermittelst dieser Truppen in Europa alles das erobert hätten, was sie nach dem entworfenen Plan mit seinem Fremden teilen durften, gesucht hätten, diejenigen Teile von Asien, die ihnen die bequemsten gewesen wären, und besonders die ganze Afrikanische Küste in ihre Gewalt zu bekommen, welche unsern Staaten so nahe ist, dass wir deswegen notwendig allerlei Missbeliebigem ausgesetzt sein müssen. In Absicht auf alle eroberten Länder hätte man nur diese einzige Vorsichtsregel zu beobachten gehabt, dass man neue Königreiche daselbst hätte stiften müssen, welche mit der christlichen Republik verbunden, und mit Ausschließung aller derer, welche bereits in Europa Länder befallen, an verschiedene Fürsten verteilt werden sollten.

Maximilien de Béthune, Herzog von Sully, *Denkwürdigkeiten* (1778).

Rechtefreier deutscher Text (Edition von 1786) unter:
http://reader.digitale-sammlungen.de/de/fs1/object/display/
bsb10415487_00003.html

Originaltext (Edition von 1778) unter:
https://books.google.de/books?id=t-iAVIeyd8UC
&printsec=frontcover

3. Europa: ein Friedensprojekt

Castel de Saint-Pierre (1658-1743),[i] Mitglied der Académie française, Freund von Fontenelle und Autor politischer Memoiren, verfasste sein Projet pour rendre la paix perpétuelle en Europe *zur Zeit der Friedensverhandlungen in der Folge des Spanischen Erbfolgekrieges, die zu den Verträgen von Utrecht und von Rastatt führen sollten. 1713 wurde die vollständige Version dieses Projektes veröffentlicht, das dazu dienen sollte, den dauerhaften Frieden auf unserem Kontinent zu sichern. Dabei wies Saint-Pierre darauf hin, dass es nicht ausreiche, ein Kräftegleichgewicht zwischen den Mächten anzustreben und verfocht vielmehr eine Föderation der Vereinigten Staaten von Europa. Die europäischen Mächte (Frankreich, Spanien, England, Holland, Portugal, die Schweiz, Florenz, Genua, der Vatikan, Venedig, Savoyen, Lothringen, Dänemark, das Kaiserreich, Polen, Schweden und Russland) sollten einen Einigungsvertrag unterschreiben und einen gemeinsamen Kongress einführen, um eine dauerhafte Staatengemeinschaft zu bilden. Ein gemeinsames Schiedsgericht würde Konflikte regeln. Diese progressive Schrift brachte Saint-Pierre, trotz eines gewissen Erfolges, vor allem den Ruf eines Utopisten ein. Nachdem er in seiner Einführung sein Ziel definiert hatte, nämlich dauerhaft den Frieden zwischen den christlichen Völkern Europas sichern zu wollen, fährt er folgendermaßen fort:*

Ich musste von dem Gedanken ausgehen, dass die europäischen Herrscher, wie alle übrigen Menschen, den Frieden nötig haben und in einem Völkerbund glücklicher leben könnten, ferner, dass sie zum Besitz oder zur Teilung irdischer Güter Krieg führen müssen, und schließlich, welche Mittel sie bisher angewandt haben, um Kriege zu vermeiden oder im Kriege nicht zu unterliegen.

Alle diese Mittel beschränken sich auf gegenseitige schriftliche Vereinbarungen, sei es in Form von Handels-, Waffenstillstands- und Friedensverträgen zur Regelung der Gebietsgrenzen und anderer gegenseitiger Ansprüche, sei es in Form von Garantieverträgen

---

i   https://commons.wikimedia.org/wiki/File:Castel-de-saintpierre02.jpg

und Offensiv- oder Defensivbündnissen zur Erhaltung oder Wiederherstellung des Gleichgewichts der Großmächte—ein System, das bisher als höchster Gipfel politischer Weisheit erschien. [...]

1. Der gegenwärtige Zustand Europas kann nichts Anderes als fast dauernde Kriege herbeiführen, denn er bietet keine hinreichende Sicherheit für die Innehaltung der Verträge.

2. Das Gleichgewicht zwischen Frankreich und dem Haus Österreich bietet keine hinreichende Sicherheit gegen auswärtige oder innere Kriege und somit auch keine für die Erhaltung der Staaten und des Handels.

[...] Zweitens habe ich untersucht, ob die Herrscher keine hinreichende Sicherheit für die Ausführung ihrer gegenseitigen Vereinbarungen durch Einrichtung eines dauernden Schiedsgerichts finden können. Das Ergebnis war: Wenn die achtzehn bedeutendsten Staaten Europas zur Erhaltung der bestehenden Regierung, zur Vermeidung gegenseitiger Kriege und zur Sicherung der Vorteile eines ununterbrochenen Welthandels einen Bund schließen und einen dauernden Kongress berufen, etwa nach dem Muster der sieben holländischen Generalstaaten, der dreizehn Schweizer Eidgenossenschaften oder des Deutschen Reiches, wenn sie also einen europäischen Staatenbund gründen und dazu alles Gute benutzen, was in den genannten Staatenbünden, besonders im Deutschen Reiche mit seinen über zweihundert souveränen Staaten liegt, so müssen die Schwächeren darin eine hinreichende Sicherheit finden, dass jeder die gegenseitigen Abmachungen auch wirklich hält, dass der Handel nie unterbrochen wird und dass alle künftigen Streitigkeiten ohne Kriege auf dem Wege des Schiedsgerichts ausgetragen werden. Auf andere Weise ist diese Sicherheit nicht zu erlangen.

1. Die gleichen Beweggründe und Mittel, die damals hingereicht haben, um einen dauernden Bund aller deutschen Staaten herbeizuführen, sind auch für die heutigen Herrscher vorhanden und genügen zur Bildung eines dauernden Bundes aller christlichen Staaten Europas.

2. Die Billigung des von Heinrich IV. vorgeschlagenen europäischen Bundes durch die meisten Herrscher Europas berechtigt zu der Hoffnung, dass der gleiche Plan von ihren Nachfolgern gutgeheißen wird.

[...] Ursprünglich umfasste mein Plan alle Staaten der Erde. Meine Freunde haben mir aber klar gemacht, dass diese Absicht, selbst wenn die Mehrzahl der Herrscher von Asien und Afrika im Laufe der Zeit dem Bund beitreten wollten, in so weiter Ferne liegt und so viel Schwierigkeiten bietet, dass sie dem ganzen Plan den Charakter des Unmöglichen gäbe, was alle Leser abschrecken müsste. Ich habe mich also umso lieber zu ihrer Meinung bekehrt, als der europäische Bund zur Erhaltung des Friedens in Europa hinreichen und stark genug sein wird, um seine Grenzen zu sichern und seinen Handel gegen alle zu schützen, die ihn stören möchten. Die Generalkommission, die der Bund in Indien einsetzen kann, wird leicht zum Schiedsrichter der dortigen Herrscher werden und sie durch ihr Ansehen hindern, zu den Waffen zu greifen. Das Ansehen des Bundes wird umso größer sein, als die dortigen Herrscher sicher sind, dass der Bund nichts als Sicherheit für seinen Handel will, dass dieser Handel nur in ihrem eigenen Vorteil liegt, dass der Bund an keine Eroberungen denkt und dass er stets nur die Feinde des Friedens als seine Feinde ansehen wird.

Charles-Irénée Castel de Saint-Pierre,
Der Traktat vom ewigen Frieden (1713).

4. Die Überprüfung des Projektes von Saint-Pierre

Jean-Jacques Rousseau (1712-1778),[i] der in seinen Fragmenten über Saint-Pierre seine Zweifel bezüglich der Realisierbarkeit der Reformen des Abbé de Saint-Pierre zum Ausdruck bringt, verfasste ein Extrait du Projet de paix perpétuelle *(Auszug aus dem Projekt für den ewigen Frieden) (1761). Unter dieser Form wurden die Ideen des Saint-Pierre in Europa tatsächlich verbreitet. Zu Beginn seines Auszuges macht Rousseau einige Abstecher in die Geschichte, um die Argumentation seines Vorgängers zu stützen und zu erklären, aber auch um sie zu erweitern. Während der Abbé de Saint-Pierre die Herrscher vereinen möchte, spricht Rousseau von der Einheit der Völker. Es gäbe so ein „europäisches System", das nicht etwa der Pluralität der europäischen Mächte entspräche, die sich neutralisieren sollten, sondern vielmehr die gegenseitige Abhängigkeit der Völker untereinander bedeute, die historisch bedingt ist und deren Beziehungen komplex und ambivalent seien, da von immerwährenden Kriegen begleitet.*

Außer dieser öffentlichen Konföderationen können sich stillschweigend weitere, weniger offensichtliche, aber nicht weniger reelle bilden, durch Gemeinsamkeit der Interessen und Lebensregeln, den Einklang der Gebräuche oder weiterer Umstände, die zum Bestehen gemeinsamer Beziehungen zwischen entzweiten Völkern beitragen. So bilden alle europäischen Mächte Europas miteinander ein System, das verbunden ist durch die gleiche Religion, ein gemeinsames Völkerrecht, gemeinsame Sitten, die Literatur, den Handel und einer Art Gleichgewicht, die die notwendige Konsequenz aus den vorher genannten Gemeinsamkeiten bildet und welche, ohne dass man daran denkt sie zu bewahren, doch nicht so einfach zu zerstören ist, wie viele Menschen es glauben.

Diese Gesellschaft der europäischen Völker hat nicht immer existiert, und die besonderen Umstände, die sie hervorgebracht haben, halten sie auch heute noch am Leben. Tatsächlich hatten vor den Eroberungszügen

---

i   https://commons.wikimedia.org/wiki/File:Jean-Jacques_Rousseau_(painted_portrait).jpg

der Römer die Völker der Erde, Barbaren und untereinander gänzlich unbekannt, nichts miteinander gemein als ihr Menschsein, das jedoch durch die Sklaverei unterdrückt, im Geiste mehr rüpelhaft erschien. Auch die Griechen, nörglerisch und eitel, unterschieden sozusagen zwei Arten der Menschheit, die eine, nämlich ihre eigene, die dazu bestimmt war zu herrschen; und die andere, nämlich der Rest der Welt, der dazu bestimmt war zu dienen. Aus diesem Prinzip ergab sich, dass für einen Griechen ein Gallier oder ein Spanier nichts Anderes war als ein Kaffer oder ein Amerikaner; und die Barbaren hätten so keine Gemeinsamkeiten untereinander als die Griechen mit den anderen Völkern.

Aber als dieses Volk, von Natur aus souverän, von den Römern unterjocht wurde und mit ihm ein Großteil der Hemisphäre das gleiche Schicksal ereilte, bildete sich eine politische und ständische Einheit zwischen den Mitgliedern dieses Reiches. Diese Union wurde insbesondere durch jene Maxime verstärkt, nach der den Besiegten alle Rechte der Sieger übertragen wurden, und insbesondere durch das berühmte Dekret des Claudius, das alle Untertanen Roms zu seinen Bürgern werden ließ. Zu der politischen Bindung, die so alle Mitglieder zu einem gemeinsamen Körper vereinte, gesellten sich zivile und juristische Institutionen, die dieser Bindung zu neuer Stärke verhalfen, indem sie auf gerechte, klare und präzise Art und Weise, sofern dies in einem so großen Reich möglich war, die Rechte und Pflichten zwischen dem Herrscher und seinen Untertanen sowie der Bürger untereinander regelten. Das Gesetzbuch des Theodosius und das darauffolgende des Justinian bildeten eine neue Kette des Rechts und der Vernunft, die die alleinige Macht des Herrschers ersetzten, die sich ganz langsam auflöste. Dieser Zusatz verzögerte für einige Zeit die Auflösung des Reiches und bewahrte ihm für lange Zeit eine Rechtsprechung über die Barbaren, die diesen zum Verdruss gereichte.

Ein drittes Band, stärker als die vorhergehenden, war das der Religion. Tatsächlich lässt sich nicht leugnen, dass allein dank des Christentums Europa auch heute noch eine Art gemeinsame Gesellschaft ihrer Mitglieder bildet, und zwar so sehr, dass jedes seiner Mitglieder, das diese Religion nicht angenommen hat, immer ein Fremder in ihr blieb. Das Christentum, obwohl in seinem Ursprung so schlecht angesehen, diente schließlich seinen Feinden als Asyl. Nachdem das Römische Reich das Christentum auf brutale und unnötige Art und Weise verfolgt hatte, fand es schließlich in ihm jene Kraft, die ihm selbst am Ende fehlte; seine Missionen zählten ihm mehr als die Siege. Es entsandte Bischöfe, um die Fehler der Generäle auszumerzen und triumphierte durch seine Priester, wenn die Soldaten geschlagen wurden. Auf diese Weise erkannten schließlich die Franken, die Goten, die Burgunder, die Lombarden, die Avaren und tausend andere die Autorität des Reiches an, nachdem sie es zuvor in ihren Bann gezogen hatten, und erkannten, wenigstens scheinbar, mit dem Gesetz des Evangeliums auch das des Prinzen an, der es ihnen verkündete.

So groß war der Respekt, den man immer noch dem sterbenden großen Reich zollte, dass bis zum letzten Augenblick seine Zerstörer sich mit seinen Titeln schmückten; man sah die gleichen Eroberer zu Offizieren des Reiches werden, die es erniedrigt hatten. Man sah die größten Könige die Patrizierehren annehmen oder gar um sie werben, die des Präfekten oder des Konsuls. Und wie den Löwen, der dem Menschen schmeichelt, den er zu verschlingen gedenkt, sah man die schrecklichen Sieger dem kaiserlichen Thron Ehre zollen, den sie zu stürzen in der Lage waren.

So haben das Priestertum und das Kaiserreich das gesellschaftliche Band zwischen den verschiedenen Völkern gebildet, die trotz des Mangels an tatsächlichen gemeinsamen Interessen, eines gemeinsamen Rechts oder eines reinen Abhängigkeitsverhältnisses, gemeinsame Lebensregeln und Ansichten hatten, deren Einfluss nach wie vor besteht, obwohl das Prinzip selbst zerstört wurde. Das antike Simulakrum des Römischen Reiches dient nach wie vor als eine Art Band zwischen denjenigen, die es einmal gebildet hatten. Und da Rom nach dem Verfall des Reiches auf eine andere Art weiter dominierte, blieb dieses doppelte Band einer verfestigten Gesellschaft bestehend aus den Nationen Europas, wo sich das Zentrum dieser zwei Mächte befand, wohingegen es in anderen Teilen der Welt, die zu zerstreut waren, um Gemeinsamkeiten zu entwickeln, keinen gemeinsamen Treffpunkt gab.

Dabei gilt es auch, die besondere Situation Europas zu bedenken, mehr als andere Erdteile gleichmäßig bevölkert und gleichermaßen fruchtbar und in allen Teilen besser vereint. Die ständige Vermischung der Interessen, bedingt durch die Blutsbande zwischen den Herrschern, den Handel, die Künste, die Kolonien; die Vielzahl der Flüsse und die Vielfalt ihrer Verläufe, die jede Art von Kommunikation und Kontakt erleichtert; der Hang zur Mobilität ihrer Bewohner, der sie immerfort reisen und sich gegenseitig besuchen lässt; die Erfindung des Buchdrucks und die allgegenwärtige Freude an der Literatur und den Wissenschaften, die zwischen ihnen eine Wissens- und Studiengesellschaft hat entstehen lassen; schließlich die Vielzahl und die geringe Größe ihrer Staaten, gepaart mit dem Streben nach Luxus und die Unterschiedlichkeit des Klimas begründen ihre gegenseitige Abhängigkeit. Diese Gründe vereint, lassen Europa, anders als Asien und Afrika, die allenfalls eine Ansammlung von Völkern bilden, die nur einen gemeinsamen Namen tragen, eine tatsächliche Gesellschaft sein, mit einer gemeinsamen Religion, Sitten, Gebräuchen und selbst Gesetzen, von denen keines der Völker abweichen kann, ohne Konflikte herbeizuführen.

Auf der anderen Seite allerdings sehen wir ständige Streitigkeiten, Raubzüge, widerrechtliche Aneignungen, Revolten, Kriege, Morde, die tagtäglich den Aufenthalt an diesem ehrbaren Ort der Weisheit, diesem brillanten Hort der Wissenschaften und der Künste trüben. Wenn wir unsere schönen Reden und unsere schrecklichen Taten vergleichen: so viel Menschlichkeit in den Grundsätzen und so große Brutalität im Handeln, eine so friedfertige Religion und eine so blutrünstige Intoleranz, eine in den Büchern so weise Politik, die in der Praxis so hart erscheint, so wohltätige Anführer und so elendige Völker, so moderate Regierungen und so grausame Kriege: es scheint kaum möglich, diese seltsamen Gegensätze miteinander zu vereinbaren. Und diese vermeintliche Brüderlichkeit der Völker Europas erscheint als lächerliches Etikett, um mit Ironie ihre gegenseitigen Feindseligkeiten zum Ausdruck zu bringen.

Allerdings folgen die Dinge nur ihrem natürlichen Verlauf. Jede Gesellschaft ohne Gesetz und ohne Anführer, jede Union, die zufällig entsteht oder am Leben gehalten wird, muss notwendigerweise bei der ersten Gelegenheit am Streit zerbrechen. Der alte Bund der Völker Europas hat ihre Interessen und ihre Rechte auf vieler Art verkompliziert; sie begegnen sich in so vielen Punkten, dass die Bewegungen des einen unausweichlich den anderen berühren. Ihre Unstimmigkeiten sind umso verhängnisvoller, je enger ihre Bindungen sind. So haben ihre häufigen Streitigkeiten fast die Grausamkeit von Bürgerkriegen.

Einigen wir uns deshalb darauf, dass die Beziehung der Mächte Europas tatsächlich einem Kriegszustand gleichkommt und dass die Verträge, die einige unter ihnen geschlossen haben, eher vorübergehenden Waffenstillständen ähneln als tatsächlichem Frieden, sei es, weil die Verträge keine anderen Garanten als die Vertragspartner haben, sei es, weil die Rechte der einen oder der anderen darin nicht nachhaltig beschieden werden, und weil die Ansprüche, die daraus bei den Mächten, die keine höherstehende Macht anerkennen, erwachsen, unausweichlich zu neuen Kriegen führen, sobald sich die Kräfteverhältnisse zwischen den Beteiligten verändern. [...]

Nachdem die Ursprünge des Übels nun bekannt sind, ist das Heilmittel, wenn es denn existiert, hinreichend durch diese angezeigt. Jeder kann sehen, dass sich jede Gesellschaft aus ihren gemeinsamen Interessen herausbildet; dass jede Entzweiung von unterschiedlichen Interessen herrührt; da tausend zufällige Ereignisse die einen und die anderen verändern können, sobald eine Gesellschaft besteht, bedarf es notwendigerweise einer zusätzlichen Kraft, die die Bewegungen ihrer Mitglieder ordnet und aufeinander abstimmt, um den gemeinsamen Interessen und gegenseitigen Versprechen eine Nachhaltigkeit zu verleihen, die ohne diese Kraft nicht möglich wäre.

Es wäre übrigens ein großer Irrtum zu hoffen, dass sich diese harten Zeiten von allein befrieden könnten und ohne künstliches Zutun. Das System Europas hat genau den Grad an Festigkeit, der es in permanenter Bewegung halten kann, ohne es vollständig zu stürzen. Und wenn sich unsere Übel auch nicht verschlimmern können, so können sie noch weniger enden, denn jegliche große Revolution ist nunmehr unmöglich.

Jean-Jacques Rousseau,
Auszug aus dem Projekt für den ewigen Frieden (1761).

5. Der universelle Frieden

Durch Abbé Saint-Pierre und sein Friedensprojekt beeinflusst, verfasste der deutsche Philosoph Immanuel Kant (1724-1804)[i] seinen Traktat Zum ewigen Frieden. Ein philosophischer Entwurf *(1795), der bereits ein Jahr später (1796) unter dem Titel* Essai philosophique sur la paix perpétuelle *ins Französische übersetzt wurde. Ausgehend von dem Projekt eines immerwährenden Friedens in Europa konzipiert Kant die Idee eines universellen Friedens, der auf Freiheit, Gleichheit, Brüderlichkeit und der Vernunft basieren solle. Im Gegensatz zu Saint-Pierre gehen Kants Reflexionen weniger ins Detail, sondern entwerfen vielmehr eine generelle Philosophie des Rechts.*

2. Es soll kein für sich bestehender Staat (klein oder groß, das gilt hier gleichviel) von einem andern Staate durch Erbung, Tausch, Kauf oder Schenkung erworben werden können.

Ein Staat ist nämlich nicht (wie etwa der Boden, auf dem er seinen Sitz hat) eine Habe (patrimonium). Er ist eine Gesellschaft von Menschen, über die Niemand anders, als er steht, zu gebieten und zu disponieren hat. Ihn aber, der selbst als Stamm seine eigene Wurzel hatte, als Pfropfreis einem andern Staate einzuverleiben, heißt seine Existenz, als einer moralischen Person, aufheben, und aus der letzteren eine Sache machen und widerspricht also der Idee des ursprünglichen Vertrags, ohne die sich kein Recht über ein Volk denken lässt.

In welche Gefahr das Vorurteil dieser Erwerbungsart Europa, denn die andern Weltteile haben nie davon gewusst, in unseren bis auf die neuesten Zeiten gebracht habe, dass sich nämlich auch Staaten einander heiraten könnten, ist jedermann bekannt, teils als eine neue Art von Industrie, sich auch ohne Aufwand von Kräften durch Familienbündnisse übermächtig zu machen, teils auch auf solche Art den Länderbesitz zu erweitern. […]

---

i   https://commons.wikimedia.org/wiki/File:Kant_foto.jpg

Zweiter Definitvartikel zum ewigen Frieden: Das Völkerrecht soll auf einen Föderalismus freier Staaten gegründet sein.1

Völker als Staaten, können wie einzelne Menschen beurteilt werden, die sich in ihrem Naturzustande (d. i. in der Unabhängigkeit von äußern Gesetzen) schon durch ihr Nebeneinandersein lädieren, und deren jeder, um seiner Sicherheit willen, von dem andern fordern kann und soll, mit ihm in eine, der bürgerlichen ähnliche, Verfassung zu treten, wo jedem sein Recht gesichert werden kann. Dies wäre ein Völkerbund, der aber gleichwohl kein Völkerstaat sein müsste. [...]

[I]ndessen dass doch die Vernunft vom Trone der höchsten moralisch gesetzgebenden Gewalt herab, den Krieg als Rechtsgang schlechterdings verdammt, den Friedenszustand dagegen zur unmittelbaren Pflicht macht, welcher doch, ohne einen Vertrag der Völker unter sich, nicht gestiftet oder gesichert werden kann: - So muss es einen Bund von besonderer Art geben, den man den Friedensbund (*foedus pacificum*) nennen kann, der vom Friedensvertrag (*pactum pacis*) darin unterschieden sein würde, dass dieser bloß einen Krieg, jener aber alle Kriege auf immer zu endigen suchte. [...]

Die Ausführbarkeit (objektive Realität) dieser Idee der Föderalität, die sich allmählich über alle Staaten erstrecken soll, und so zum ewigen Frieden hinführt, lässt sich darstellen. Denn wenn das Glück es so fügt, dass ein mächtiges und aufgeklärtes Volk sich zu einer Republik (die ihrer Natur nach zum ewigen Frieden geneigt sein muss) bilden kann, so gibt diese einen Mittelpunkt der föderativen Vereinigung für andere Staaten ab, um sich an sie anzuschließen, und so den Freiheitszustand der Staaten gemäß der Idee des Völkerrechts zu sichern und sich durch mehrere Verbindungen dieser Art nach und nach immer weiter auszubreiten. [...]

Dritter Definitivartikel zum ewigen Frieden: Das Weltbürgerrecht soll auf Bedingungen der allgemeinen Hospitalität eingeschränkt sein

Es ist hier, wie in den vorigen Artikeln, nicht von Philanthropie, sondern vom Recht die Rede, und da bedeutet Hospitalität (Wirtbarkeit) das Recht eines Fremdlings, seiner Ankunft auf dem Boden eines anderen wegen, von diesem nicht feindselig behandelt zu werden. Dieser kann ihn abweisen, wenn es ohne seinen Untergang geschehen kann; so lange er aber auf seinem Platz sich friedlich verhält, ihm nicht feindlich begegnen. [...]

Auf diese Art können entfernte Weltteile miteinander friedlich in Verhältnisse kommen, die zuletzt öffentlich gesetzlich werden und so das menschliche Geschlecht endlich einer weltbürgerlichen Verfassung immer näher bringen können. [...]

Vergleicht man hiermit das inhospitable Betragen der gesitteten, vornehmlich handeltreffenden Staaten unseres Weltteils, so geht die Ungerechtigkeit, die sie in dem Besuche fremder Länder und Völker (welches ihnen mit dem Erobern derselben für einerlei gilt) beweisen, bis zum Erschrecken weit. [...]

Zusatz. Von der Garantie des ewigen Friedens. [...]

Sie [die Natur] bedient sich zweier Mittel, um Völker von der Vermischung abzuhalten und sie abzusondern, der Verschiedenheit der Sprachen und der Religionen, die zwar den Hang zum wechselseitigen Hasse und Vorwand zum Kriege bei sich führt, aber doch bei anwachsender Kultur und der allmählichen Annäherung der Menschen zu größerer Einstimmung in Prinzipien, zum Einverständnisse in einen Frieden leitet, der nicht, wie jener Despotismus (auf dem Kirchhofe der Freiheit) durch Schwächung aller Kräfte, sondern durch ihr Gleichgewicht, im lebhaftesten Wetteifer derselben, hervorgebracht und gesichert wird. [...]

Es ist der Handelsgeist, der mit dem Kriege nicht zusammen bestehen kann und der früher oder später sich jedes Volks bemächtigt.

Immanuel Kant,
Zum ewigen Frieden. Ein philosophischer Entwurf (1796).

Originaltext (Edition von 2014) unter:
http://www.gutenberg.org/files/46873/46873-h/46873-h.htm

6. Welcher Umfang für die europäische Union?

In seinem Traktat zum ewigen Frieden in Europa *beabsichtigt Charles-Irénée Castel de Saint-Pierre,[i] die Anrainerstaaten islamischen Glaubens der europäischen Union durch Verträge zu verbinden, damit sie auf lange Sicht in Frieden miteinander leben. Sukzessive Waffenstillstände, die sich nicht als nachhaltig erwiesen haben, werden so durch ein neues Paradigma abgelöst.*

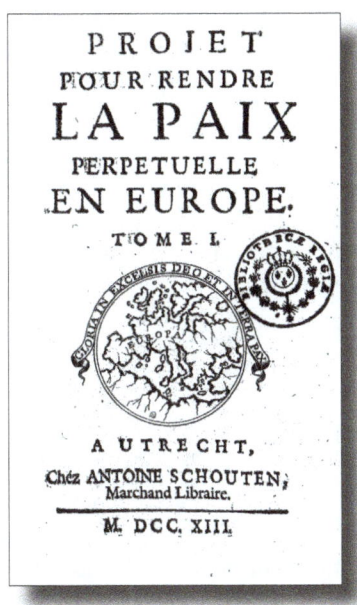

Betreffs der Mohammedaner, die an den Grenzen Europas wohnen, der Türken, Tataren, der Bewohner von Tripolis, Tunis, Algier und Marokko, hat man Einwände dagegen erhoben, ihnen Sitz und Stimme im Bundesrat zu geben. Indes könnte der Bund zur Aufrechterhaltung des Friedens und des Handels mit ihnen und um sich ein Heer gegen sie zu ersparen, einen Vertrag mit ihnen abschließen, die gleichen

---

i   https://commons.wikimedia.org/wiki/File:Saint-Pierre_-_Projet_pour_rendre_la_
    paix_perpétuelle_en_Europe_-_Tome_1,_1713.djvu

Sicherheiten von ihnen fordern und ihnen einen Vertreter in der Stadt des Friedens[ii] zugestehen. Der Handel im Mittelmeer ist für die christlichen Staaten von großer Bedeutung; es ist also von Wert für sie, Sicherheiten dafür zu erhalten, sei es dem türkischen Sultan gegenüber, sei es gegen die afrikanischen Seeräuber. Gingen sie darauf nicht ein, so könnte der Bund sie als Feinde erklären und sie mit Gewalt zu Stellung hinreichender Bürgschaften für die Erhaltung des Friedens zwingen. Auch ließen sich Bestimmungen zugunsten ihrer christlichen Untertanen durchsetzen.

Charles-Irénée Castel de Saint-Pierre,
Der Traktat vom ewigen Frieden (1713).

Rechtefreier deutscher Text unter:
http://gutenberg.spiegel.de/buch/
der-traktat-vom-ewigen-frieden-7664/8

Rechtefreier Originaltext (Edition von 1713, Bd. I) unter:
http://gallica.bnf.fr/ark:/12148/bpt6k86492n?rk=21459;2

Rechtefreier Originaltext (Edition von 1713, Bd. II) unter:
http://gallica.bnf.fr/ark:/12148/bpt6k864930?rk=42918;4

---

ii   Der Abbé de Saint-Pierre hatte Utrecht als Hauptstadt Europas vorgesehen.

7. Die Europäische Union—ein unrealistisches Projekt?

Jean-Jacques Rousseau bringt in seinem Urteil über den ewigen Frieden *seine Zweifel bezüglich der Realisierbarkeit dieses Projektes zum Ausdruck, dessen größtes Hindernis, so Rousseau, im Egoismus der Herrscher begründet liege. Er erkennt hingegen die Wichtigkeit der Ideen Saint-Pierres an, der lange und nachhaltig über eine Frage von unbestreitbarer Bedeutung nachgedacht habe, die es sehr wohl wert war, einen „Ehrenmann" zu beschäftigen.*

Wenn jemals eine moralische Wahrheit bewiesen wurde, dann scheint es mir die generelle und besondere Nützlichkeit dieses Projektes zu sein. Die Vorteile seiner Realisierung für alle Herrscher, für alle Völker und ganz Europa sind immens, klar und unbestreitbar. Es gibt keine solideren und exakteren Begründungen als die vom Autor vorgebrachten. Realisiert seine europäische Republik für einen Tag, es wäre genug, um sie ewig währen zu lassen, so sehr würde ein jeder in dieser Erfahrung seinen persönlichen Nutzen im Gemeingut finden. Gerade die Prinzen jedoch, die diese Republik mit allen Kräften verteidigen würden, wenn es sie denn gäbe, würden sich jetzt ihrer Realisierung entgegenstellen. So erscheint das Werk des Abbé de Saint-Pierre über den ewigen Frieden erst einmal unnötig, um diese Republik zu begründen und dann überflüssig, um sie zu bewahren. Es handele sich deshalb um eine leere Spekulation, würde ein ungeduldiger Leser behaupten. Nein, es ist ein solides und vernünftiges Buch und es ist sehr wichtig, dass es existiert.

Fangen wir mit den Schwierigkeiten derjenigen an, die diesen Gründen nicht mit Vernunft begegnen, sondern nur durch die Ereignisse und die nichts gegen das Projekt einzuwenden haben als die Tatsache, dass es nicht verwirklicht wurde. In der Tat würden sie wohl sagen, wenn die Vorteile so groß sind, warum haben die europäischen Herrscher das Projekt dann nicht verwirklicht? Warum vernachlässigen sie ihre eigenen Interessen, wenn diese doch so klar aufgezeigt wurden? […]

Dies ist zweifellos glaubhaft; falls man nicht davon ausgeht, ihre Weisheit käme ihrem Ehrgeiz gleich, und dass sie umso besser ihre Vorteile sehen, je mehr sie diese wünschen. Stattdessen ist es die große Bestrafung der Übertreibung der Selbstliebe, wenn man immer den Mitteln hinterherrennt, die diese missbrauchen, und die Heftigkeit der Leidenschaften führt fast immer dazu, dass diese von ihrem Ziel abgelenkt werden. Lasst uns deshalb, in der Politik wie in der Moral, zwischen dem tatsächlichen Interesse und dem scheinbaren Interesse unterscheiden; ersteres läge im ewigen Frieden, wie es im Traktat gezeigt wird. Das zweite liegt im Zustand der absoluten Unabhängigkeit, welcher die Herrscher dem Reich der Gesetze entzieht, um sie vielmehr dem des Glücks zu unterwerfen. Gleich einem verrückten Kapitän, der, um ein vorgebliches Wissen zu zeigen und so seine Matrosen anzuführen, es vorzieht, während eines Sturmes zwischen den Felsen zu segeln, als sein Schiff in Sicherheit ankern zu lassen.

Jede Sorge der Könige oder ihrer Amtsträger gilt einem dieser beiden Ziele: ihre Macht nach außen auszudehnen oder aber im Inneren zu festigen. Jede andere Sichtweise verweist ebenfalls auf eines der eben genannten Ziele oder aber dient als Vorwand: so das Wohl des Volkes, das Glück der Untertanen, der Ruhm der Nation; Worte auf ewig aus dem Kabinett verbannt und gleichzeitig so gern in öffentlichen Erlassen gebraucht, dass sie nie etwas Anderes als unheilbringende Anweisungen ankündigen und das Volk schon im voraus zu stöhnen beginnt, wenn seine Herren von väterlicher Fürsorge sprechen. […]

Man muss auch nicht, wie Saint-Pierre, glauben, dass womöglich mit dem guten Willen, den weder die Prinzen noch ihre Minister je an den Tag legen werden, es einen günstigen Moment geben werde, um das System umzusetzen. Denn dazu dürfte die Summe der Partikularinteressen nicht größer sein als die Interessen des Gemeinwohls; jeder müsste im Wohlergehen aller das größte Gut für sich selbst erkennen. Dies würde jedoch so viel Weisheit in den Köpfen vieler voraussetzen und ein Zusammenfallen so vieler Interessen, dass man nicht auf den Zufall der Übereinstimmung so vieler notwendiger Umstände hoffen darf. Wenn diese Übereinstimmung hingegen nicht stattfindet, kann nur Gewalt sie ersetzen; und dann geht es nicht mehr darum, zu überzeugen, sondern zu erzwingen und es gilt nicht mehr, Bücher zu schreiben, sondern Truppen aufzustellen.

Jean-Jacques Rousseau, *Urteil über den ewigen Frieden* (1756-1758).

Rechtefreier Originaltext (Edition von 1826) unter:
http://gallica.bnf.fr/ark:/12148/bpt6k2051816

8. Der Blick über die nationalen Grenzen hinaus

Wenige Gelehrte hatten einen so langanhaltenden Einfluss wie der Engländer Edward Gibbon (1737-1794)[i] mit seiner Geschichte des Verfalls und Untergangs des Römischen Reichs *(1776), eine Studie, die über den geschichtlichen Rückblick hinausgeht, um die Leser zu befähigen, gelassen in die Zukunft zu schauen.*

Dem Patrioten ist es Pflicht, seines Vaterlandes ausschließenden Vorteil und Ruhm vorzuziehn und zu fördern; aber einem Philosophen ist es erlaubt weitere Blicke zu tun, und Europa als ein großes Gemeinwesen zu betrachten, dessen mannigfaltige Einwohner fast dieselbe Höhe von Bildung und Verfeinerung erreicht haben. Die Machtwaage wird fernerhin schwanken und die Wohlfahrt unsers eignen und der nachbarlichen Reiche mag bald steigen, bald sinken; doch können diese Partialausschläge den allgemeinen Zustand unserer Glückseligkeit, das System von Künsten und Gesetzen und Sitten nicht wesentlich verletzen, welche die Europäer und ihre Kolonien vor dem übrigen Menschengeschlecht so vorteilhaft auszeichnen.

Edward Gibbon, *Geschichte des Verfalls und Untergangs des Römischen Reichs* (1776-1788).

Rechtefreier deutscher Text (Edition von 1802) unter:
https://books.google.de/books?id=nqxhAAAAcAAJ&printsec=frontcover

Rechtefreier Originaltext (Edition von 1997) unter:
https://www.gutenberg.org/files/25717/25717-h/25717-h.htm

---

i   https://commons.wikimedia.org/wiki/File:Edward_Gibbon_by_Henry_Walton_cleaned.jpg

9. Europa in der *Enzyklopädie*

In der Encyclopédie ou Dictionnaire raisonné des sciences, des arts et des métiers (Enzyklopädie oder ein durchdachtes Wörterbuch der Wissenschaft, Künste und Handwerke)*, die als eines der großen Werke der europäischen Aufklärung gelten kann, gibt Louis de Jaucourt (1704-1779),[i] einer der produktivsten Autoren von Artikeln für die Enzyklopädie, eine Beschreibung der Geographie Europas als einer der vier Kontinente, da der Okzident Australien zu der damaligen Zeit noch nicht kannte. Weiterhin verweist Jaucourt auf das reiche kulturelle Erbe Europas.*

EUROPA (geog.), große Region der bewohnten Welt. Die wahrscheinlichste Etymologie leitet das Wort *Europa* aus dem Phönizischen *urappa* ab, das in dieser Sprache *weißes Gesicht* bedeutet; das Attribut mag man der Tochter des Agenors und der Schwester des Cadmus gegeben haben, wenigstens aber auf die Europäer, die weder so dunkelhäutig wie die Südasiaten noch so schwarz wie die Afrikaner sind, trifft es zu.

Europa hatte weder immer denselben Namen noch dieselben Ausmaße, was auf die Völker, die es bewohnten, zurückzuführen ist; und die Unterteilungen hängen mangels der Historiker, die uns einen Faden reichen sollten, mit dem wir aus diesem Labyrinth finden, von einer unmöglichen Kleinigkeit ab.

Da ich jedoch weit davon entfernt bin, Europa in diesem Artikel so zu betrachten, wie es die Alten taten, deren Schriften bis in unsere Zeiten überdauert haben, will ich hier nur ein einziges Wort über seine Grenzen verlieren.

In ihrem längsten Punkt erstreckt sie sich vom Kap Sankt Vinzenz in Portugal und in der Algarve über die Küste des Atlantischen Ozeans bis zur Mündung des Ob im Nordischen Ozean , über ein Gebiet von 1200 französischen Meilen und über einen Winkel von 20 Grad oder über 900 deutsche Meilen. Ihr breitester Punkt, gemessen ab dem Kap

---

i   https://commons.wikimedia.org/wiki/File:ChevalierLouisJaucourt.jpg

Matapan über Morée in der Mitte bis zum Nordkap, im nördlichsten Teil Norwegens, misst 733 Meilen, ebenfalls in einem Winkel von 20 Grad, oder 500 deutsche Meilen. Im Osten grenzt sie an Asien; im Süden an Afrika, wovon sie durch das Mittelmeer getrennt wird; im Westen durch den Atlantischen Ozean, auch Westlicher Ozean genannt, und im Norden durch das Eismeer.

Die Vernunft und die Philosophie, die eine wie sie die Vernunft anhebt, die andere, wie sie sie herunterreißt. Titelbild der *Enzyklopädie*.[ii]

Ich weiß nicht, ob man damit Recht hat, die Welt in vier Teile einzuteilen, von denen man Europa einen zuweist. Diese Unterteilung erscheint wenigstens nicht genau, weil in sie auch der arktische und der antarktische Pol eingerechnet sind, die, wenngleich weniger bekannt als der Rest, nicht aufhören zu existieren und keine weiße Fläche auf den Globen und Karten verdienen.

---

ii   https://commons.wikimedia.org/wiki/File:Encyclopedie_frontispice_section_256px.jpg

Wie dem auch sei, *Europa* ist immer noch der kleinste Teil der Welt; aber, wie der Autor des Werkes *Geist der Gesetze*[iii] bemerkt, hat sie so ein Ausmaß an Kraft und Einfluss erlangt, dass der Historiker dem nichts entgegensetzen kann, wenn er das unendliche Ausmaß an Ausgaben, die Größe der militärischen Verpflichtungen, die Anzahl der Truppen und ihre Unterhaltskosten, auch wenn diese wahrlich unnütz sind, weil sie nur der Schau dienen, betrachtet.

Im Übrigen tut es wenig zur Sache, dass *Europa* bezüglich seiner geographischen Ausdehnung der kleinste der vier Weltenteile ist, weil er aufgrund des Handels, der Schifffahrt, der Fruchtbarkeit, der Aufgeklärtheit der Bewohner, der Industrie, der Kenntnisse in Kunst, Wissenschaft und Handwerk und, was am wichtigsten ist, aufgrund des Christentums, dessen wohltuende Moral zur Glückseligkeit der Gesellschaft führt, der bemerkenswerteste ist. Wir schulden dieser Religion in der Regierung ein bestimmtes politisches Recht und im Krieg ein gewisses Völkerrecht, das die menschliche Natur nicht angemessen zu würdigen weiß. Indem sie nur das Glück eines anderen Lebens als Ziel zu haben scheint, sorgt sie auch für unser Glück in diesem Leben. *Europa* ist in den ältesten Zeiten *Keltisch* genannt worden. Es liegt zwischen dem 9. und dem 93. Längengrad und zwischen dem 34. und dem 73. nördlichen Breitengrad. Die Geographen werden dem Leser die anderen Details lehren.

> Louis de Jaucourt, „Europa", in *Enzyklopädie oder ein durchdachtes Wörterbuch der Wissenschaften, Künste und Handwerke* (1751).

Rechtefreier Originaltext (Edition von 1756) unter:
https://fr.wikisource.org/wiki/L'Encyclopédie/1re_édition/
Volume_6

---

iii   Montesquieu, s. S. 43.

10. Die Geographie Europas

Diego de Torres Villarroel (1693-1770),[i] Professor an der Universität von Salamanca, Mathematiker, Priester und Dramenautor gibt uns in seiner Fantastischen Reise *(1724) eine Beschreibung der Geographie Europas, die uns die begrenzte Kenntnis einer Zeit in Erinnerung ruft, in der die Existenz Ozeaniens in Europa noch gänzlich unbekannt war.*

Die Schiffsreisenden, die den Erdball umrundet haben, haben festgestellt, dass dieser in zwei Kontinente unterteilt ist. Der eine umfasst die arktische Polarzone und die vier wichtigsten Teile der Erde: Europa, Asien, Afrika und Amerika. Der andere umfasst den gesamten südlichen, gänzlich unbekannten. Und der Ozean, der zwischen beiden Teilen liegt, trennt die Kontinente voneinander. Der Kontinent, der die südliche Erdkugel umfasst, ist unbekannt. […] Europa hat von Westen nach Osten eine Oberfläche von 1500 Meilen; und von Süden nach Norden 759. Der Norden endet im Eismeer, der Westen im Atlantik; der Süden in der Straße von Gibraltar; der Osten in der Ägäis. Die wichtigsten und größten Provinzen, von den Inseln einmal abgesehen, sind vierzehn an der Zahl: Spanien, Frankreich, Italien, Deutschland, Niederlande, Polen, Ungarn, Illyrien, Rumänien, Bulgarien, Serbien, Mongolei, Russland, Moldavien, die Walachei und Skandinavien.

Diego de Torres Villarroel,
Die fantastische Reise des Großen Piscátor von Salamanca (1724).

Rechtefreier Originaltext unter:
http://biblioteca.org.ar/libros/132245.pdf

---

i   https://commons.wikimedia.org/wiki/File:Diego_de_Torres_Villarroel.jpg

11. Geschichte und Politik

Seit Pierre Bayle (1647-1706) und seinem Historischen und kritischen Wörterbuch (Dictionnaire historique et critique, *1697) am Ende des 17. Jahrhunderts, haben Lexikographen in scheinbar unschuldigen Lexikonartikeln subversive Wahrheiten versteckt. Der Artikel „Geschichtskakademie" entspricht dieser Regel, da er sich kritisch mit dem Thema der Geschichtsschreibung auseinandersetzt, die in der westlichen Welt immer wieder zugunsten nationaler Interessen genutzt und manipuliert wurde.*

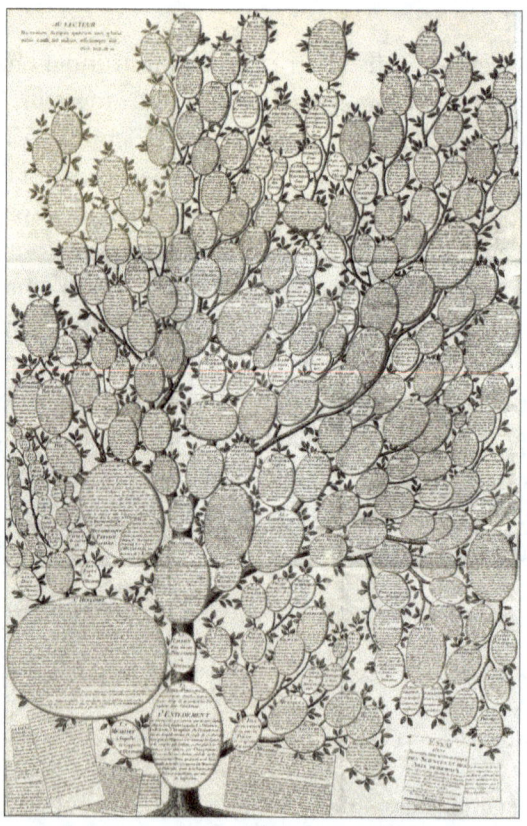

Figurative Darstellung des Systems des menschlichen Wissens. *Ergänzungsband zur Enzyklopädie (1776), von Robert Bénard.*[i]

---

i   https://commons.wikimedia.org/wiki/File:Encyclopédie-_Diderot's_Tree_of_Knowledge.tif

Kein Land, kein Prinz hat bisher daran gedacht, eine *Akademie* der Geschichte zu gründen, deren hauptsächlicher Zweck es wäre, sorgfältig die unterschiedlichen Zustände der Nationen zu beobachten, der Nachwelt mit aufrichtigster Wahrheit die Ereignisse zu übermitteln und die Wissenschaft von der Moral und der Gesetzgebung zu perfektionieren, deren einzige Grundlage die historischen Fakten sind, wie es die natürlichen Phänomene für die Physik sind. Aber die Kenntnisse der ersten sind umso hilfreicher als sie einem Staate zum Vorteil gedeihen, welcher wissen will, welche die besten Gesetze sind, um die Faulheit zu verbannen und die Bürger zur Liebe für das Vaterland und zur Tugend anzuhalten, als wenn er wissen will, welche Gesetze die vier Satelliten des Jupiter in ihren Bewegungen beobachten. Warum also sollte man aufhören, Geschichte aufzuschreiben, die man mit Recht das Auge der Zukunft nennt, sowie das Auge der Vergangenheit und die Fackel des Lebens? Warum sollte man nicht dem Beispiel der Chinesen folgen, welche sich so sehr in der Moral und in der Gesetzgebung ausgezeichnet haben? Sie haben ein Geschichtstribunal gegründet, wo sie über alles Buch führen, was unter der Herrschaft jedes Kaisers vor sich geht, und sie tun dies mit der gleichen Genauigkeit, mit der wir in unseren *Akademien* die Annäherung des Mondes an die Sterne, die Mond- und Sonnenfinsternis und alles, was im Himmel zu beobachten ist, pflegen. Nach dem Tod des Kaisers wird all dies der Öffentlichkeit bekannt gegeben, damit es seinen Nachfolgern zur Unterweisung und dem Allgemeinwohl als Regel diene. In mehreren Staaten Europas gibt es Plätze für Geschichtsschreiber und öffentliche Lehrstühle für Geschichte. Es ist dies der Anfang der Akademie für Geschichte, welche wir vorschlagen, es wäre leicht, diese Anfänge auszudehnen und daraus eine feste Einrichtung zu formen, aus der man großen Nutzen für eine gute Verwaltung der Staaten und für das Allgemeinwohl, das immer das höchste Gesetz sein muss, zu ziehen. Wir beobachten jedoch, dass das Wissen um die moralischen Ursachen nicht so viel Scharfsinn wie das Wissen um die natürlichen Ursachen verlangt, also braucht Europa vielleicht erstere nicht, eine *Akademie* der Gelehrten, oder ein Tribunal der Chinesen, das in China nötig ist, wo der menschliche Geist weniger aktiv zu sein scheint. Übrigens trägt diese Dosis an Freiheit, die in mehreren Regierungen Europas Einzug hält, wie selbstverständlich dazu bei, dass jeder Mensch den wahren Ursachen der historischen Fakten nachspürt und sie veröffentlicht; dies kann man ohne jede Gefahr tun, besonders in England, wo man noch immer diese glücklichen Zeiten genießt, die die Römer unter Trajan verlebten; im Gegensatz zu China, wo der Despotismus den Thron bestiegen hat, und wo niemand es wagt, die Sprache der Wahrheit zu sprechen, wenn in Hinblick auf das öffentliche Wohl die Regierung dieses Privileg nicht einem Tribunal zugesprochen hätte, vor welches die Kaiser nach ihrem Tode gerufen werden. So ist, was im ersten Augenblick für China wie die höchste Stufe, zu der die Gesetzgebung führen kann, scheint, vielleicht nur ihre Richtigstellung. Also: Aber wir brauchen dieses Korrektiv in mehreren unserer Regierungen Europas, in denen die Wahrheit nur allzu oft gefangen gehalten wird, und in denen der stille und versteckte Despotismus nicht mehr als willkürlich ist, nicht, wohingegen der chinesische ein legaler Despotismus ist.

Anonym, *Ergänzungsband zur Enzyklopädie* (1776).

Rechtefreier Originaltext (Edition von 1776) unter:
http://gallica.bnf.fr/ark:/12148/bpt6k50550x/f1.image

12. Ein europäisches Parlament *avant la lettre*?

Zu den notwendigen Institutionen für eine effiziente Regierung einer Staatengemeinschaft hatte Heinrich IV., wenn wir Sully[i] Glauben schenken dürfen, „einen europäischen Generalrat" angedacht, der für einen Teil der Verwaltung dieser Gemeinschaft zuständig gewesen wäre.

Das Muster dieser allgemeinen Ratsversammlung von ganz Europa war der alte Rat der Amphiktionen in Griechenland, freilich mit denjenigen Abänderungen, die unsere Gebräuche, unser Klima und die Absichten unseres Staatssystems erforderten. Sie sollte aus einer gewissen Anzahl von Kommissarien, Ministern oder Bevollmächtigten aller Staaten der christlichen Republik bestehen, welche in Form eines Senats beständig versammelt wären, um sich über die vorkommenden Geschäfte zu beratschlagen, die streitigen Interessen zu vereinigen, die Zwistigkeiten beizulegen, alle bürgerlichen, politischen und kirchlichen Angelegenheiten der Europäischen Staaten, die sowohl unter ihnen, als mit Fremdem vorkommen würden, aufzuheitern und in Ordnung zu bringen. Die äußerliche Einrichtung und die Prozeduren dieses Senats wären dann in der Folge durch Mehrheit der Stimmen von ihm selbst näher bestimmt worden. Nach Heinrichs Gedanken sollten z.B. für die folgenden Fürsten, den Kaiser, den Papst, die Könige von Frankreich, Spanien, England, Dänemark, Schweden, Lombardei und Polen und für die Republik Venedig vier Kommissarien und für die übrigen Republiken und kleineren Monarchien zwei diesem Senate beiwohnen. Dies hätte ungefähr eine Zahl von sechsundsechzig Personen ausgemacht, welche jedes Mal nach Verfluss von drei Jahren hätten abgeändert werden müssen.

Maximilien de Béthune, Herzog von Sully, *Denkwürdigkeiten* (1778).

---

i   https://commons.wikimedia.org/wiki/File:Charles-Irenée-Castel-de-Saint-Pierre-Projet-de-traité-pour-rendre-la-paix_MG_0660.tif

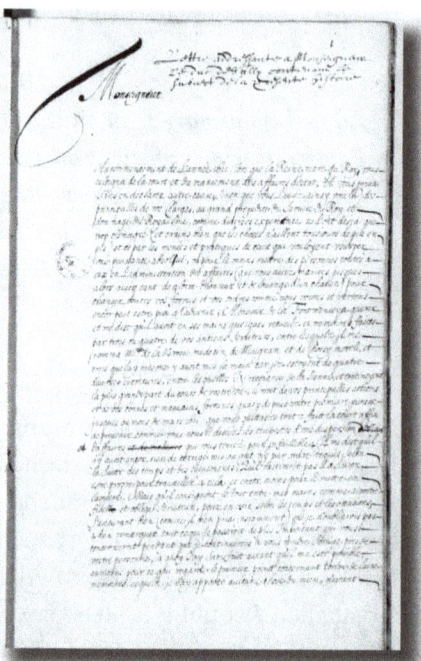

Herzog von Sully, *Memoiren* (Manuskript des ersten Bandes).[ii]

Rechtefreier deutscher Text (Edition von 1786) unter:
http://reader.digitale-sammlungen.de/de/fs1/object/display/
bsb10415487_00003.html

Originaltext (Edition von 1778) unter:
https://books.google.de/books?id=t-iAVIeyd8UC
&printsec=frontcover

---

ii   http://gallica.bnf.fr/ark:/12148/btv1b9007257z/f6.item

13. Europa und der Islam

Was die Beziehung eines christlichen Europas mit den islamisch geprägten Nachbarstaaten angeht, erscheinen die Vorstellungen des Charles-Irénée Castel de Saint-Pierre in seinem Traktat vom ewigen Frieden (1713) *von einem gewissen Eurozentrismus geprägt, der auf der Vorstellung eines durch die christliche Religion geeinten Europa basiert. Bezeichnenderweise fehlt diese Stelle des Traktats in der deutschen Übersetzung (1922).*

Ein jeder weiß, dass der Grund dafür, dass die islamischen Herrscher keine Universitäten zulassen und ihre Untertanen vom Studium der Wissenschaften und der Künste fernhalten, darin begründet liegt, dass sie Spaltungen und Kriege fürchten, die häufig aus theologischen Streitigkeiten hervorgehen. Bis heute waren sie der Meinung, nur die grundlegende Unkenntnis ihrer Untertanen könne sie davor schützen. Aber sie würden bald erkennen, dass die Einbindung in die europäische Gesellschaft ihnen den Frieden nach innen und nach außen garantieren würde. Wahrscheinlich würden sie bald die Maßnahmen der christlichen Staaten bezüglich der Erziehung der Jugend sowie für den Fortschritt der Künste und Wissenschaften übernehmen. So wäre dies für sie ein weiterer Grund, mit vollen Kräften dieses große Unternehmen zu unterstützen. Dies wäre gewinnbringend für die Kirche, denn über je mehr Wissen die Muslime verfügten, desto weniger würden sie an ihren Dogmen festhalten und desto mehr wären sie bereit, die Schönheit und die Perfektion der christlichen Religion zu erkennen.

Charles-Irénée Castel de Saint-Pierre, *Der Traktat vom ewigen Frieden* (1713).

Rechtefreier deutscher Text unter:
http://gutenberg.spiegel.de/buch/
der-traktat-vom-ewigen-frieden-7664/8

Rechtefreier Originaltext (Edition von 1713, Bd. I) unter:
http://gallica.bnf.fr/ark:/12148/bpt6k86492n?rk=21459;2

Rechtefreier Originaltext (Edition von 1713, Bd. II) unter:
http://gallica.bnf.fr/ark:/12148/bpt6k864930?rk=42918;4

14. Der Reichtum Europas: das kulturelle Erbe!

In seinem Geschichtswerk Essay über die Sitten und den Geist der Nationen *(1756) hat Voltaire (1694-1778)[i] insbesondere den Reichtum des kulturellen Erbes Europas hervorgehoben, wobei er den Kontinent als „unvergleichlich bevölkerter, zivilisierter, reicher und gebildeter" als zur Zeit des römischen Reiches beschreibt, auch wenn Italien selbst seine Ausstrahlungskraft verloren habe. In unten zitierter Passage erwähnt er die Furcht vor der Entvölkerung des Globus—die er übrigens mit anderen Philosophen seiner Zeit teilt, wie z.B. Montesquieu—sowie Absurditäten, zu denen in seinen Augen das Zölibat der Priester gehöre.*

Man betrachte, von Petersburg bis Madrid, diese ungeheure Anzahl von prächtigen Städten, erbaut in Gegenden, die vor 600 Jahren noch Wüste waren; man achte auf diese immensen Wälder, die von den Ufern der Donau am baltischen Meer bis ins Herz Frankreichs die Erde bedecken; es ist wohl offensichtlich, dass es viele Menschen gibt, wenn viel Land erschlossen ist. Die Landwirtschaft, was auch immer man dazu sage, und der Handel werden noch viel mehr in Ehren gehalten als sie es vorher wurden. [...]

In welch blühendem Zustand befände sich wohl Europa ohne die ständigen Kriege, die es um oberflächliche Interessen willen und häufig aus kleinen Launen heraus, erschüttern! Welches Maß an Perfektion hätte nicht die Kultivierung der Böden erreicht und um wie viel mehr hätten nicht die Künste, die diese Produkte verarbeiten, Unterstützung und Wohlstand im bürgerlichen Leben verbreitet, wenn man nicht diese erstaunliche Anzahl an unnützen Männern und Frauen in Klöstern begraben hätte! Eine neue Menschheit, die man in die Geißel des Kriegs eingeführt hat und die deren Schrecken mildert, hat dazu beigetragen, die Völker vor der Zerstörung, die sie in jeder Sekunde ihres Daseins

---

i   https://commons.wikimedia.org/wiki/File:Atelier_de_Nicolas_de_Largillière,_
     portrait_de_Voltaire,_détail_(musée_Carnavalet)_-002.jpg

zu bedrohen scheint, zu retten. Es ist ein Übel, und in Wahrheit ein äußert bedauerliches, dass diese Vielzahl an Soldaten beständig von allen Prinzen unterhalten wird; aber dieses Übel führt auch, wie wir bereits festgestellt haben, zu einem Guten: Die Völker nehmen kaum an dem Krieg teil, den ihre Herren führen; die Bürger der belagerten Städte gehen häufig von einer Herrschaft in eine andere über, ohne dass es einen einzigen Bewohner das Leben gekostet hat; sie sind der Preis für denjenigen, der mehr Soldaten, mehr Kanonen und mehr Geld hat.

Die Bürgerkriege haben Deutschland, England und Frankreich lange Zeit betrübt; doch diese Übel wurden bald beseitigt und der blühende Zustand diese Länder beweist, dass die Industrie der Menschen sie viel weitergebracht hat als ihre Wut. Dies gilt nicht für Persien, das seit vierzig Jahren Beute von Verwüstungen ist; aber wenn es sich unter einem weisen Prinz wieder vereint, wird es seine Beschaffenheit in kürzerer Zeit wiederherstellen als in der es sie verloren hat. […]

Wenn eine Nation Kenntnis der Künste besitzt, wenn sie nicht von Fremden in den Bann gezogen und fortgeschafft wird, wird sie mühelos aus ihren Ruinen wieder auferstehen und sich wiederherstellen.

Voltaire, *Essay über die Sitten und den Geist der Nationen* (1756).

Rechtefreier Originaltext (Edition von 1829) unter:
http://gallica.bnf.fr/ark:/12148/bpt6k375239

15. Regeln und befrieden

Wie viele Intellektuelle seiner Zeit denkt Condorcet (1743-1794),[i] dass sich das europäische Kräftegleichgewicht nach der Reform verbessert habe. Er zählt zu den Verfechtern der Idee der Vervollkommnungsfähigkeit des Menschen und des Fortschritts, der notwendigerweise zu Verbesserungen führen müsse.

Die Nationen Europas, zum einen beschäftigt mit ihren gemeinsamen Interessen, zum anderen mit den gefühlten sich widersprechenden Interessen, empfanden die Notwendigkeit, sich auf einige gemeinsame Regeln zu einigen, welche jenseits von Verträgen ihrem friedfertigen Umgang Vorschub leisten sollten. Andere Regeln hingegen sorgten selbst in Kriegszeiten dafür, deren Raserei und Schäden zu begrenzen und so unnötigem Übel vorzubeugen.

Marie-Jean-Antoine-Nicolas de Caritat,
Marquis de Condorcet, *Skizze einer historischen Abhandlung über den Fortschritt der Menschheit* (1794).

Rechtefreier Originaltext (Edition von 1822) unter:
https://books.google.de/books?id=hRIPAAAAQAAJ
&printsec=frontcover

---

i   https://commons.wikimedia.org/wiki/File:Nicolas_de_Condorcet.PNG

16. Die Nachbarschaft zu Russland

Saint-Pierre berücksichtigt in seinem Traktat zum ewigen Frieden *nicht nur die Beziehungen zu den islamisch geprägten Nachbarn, sondern auch die Interessen des Zaren und damit Russlands. Er hebt die Vorteile für ein Interessengleichgewicht auf dem Kontinent hervor, die aus einer eventuellen Partnerschaft erwachsen würden. Auch diese Passage des Traktates erscheint nicht in der deutschen Übersetzung.*

Der Zar hat seine Leidenschaft für einen florierenden Handel in seinen Provinzen bekundet. Diesbezüglich hat er natürlicherweise große Vorteile, da sein Land von großen Flüssen durchzogen ist, er Häfen am Ozean, an der Ostsee und am kaspischen Meer besitzt. Das Land ist an vielen Stellen ausgesprochen fruchtbar und gut bevölkert. Um ihre Manufakturen und das Handwerk zu perfektionieren, fehlt es allein an einem regeren und nachhaltigeren Austausch mit zivilisierteren Nationen. Aus Erfahrung weiß der Zar, dass der Krieg für diese schönen Projekte nicht zuträglich ist. Sobald er also von dem Projekt Kenntnis haben wird, das zum Ziel hat, den Frieden unter den Christenvölkern zu sichern, wird er versuchen, mit allen Mitteln zu seinem Erfolg beizutragen.

Charles-Irénée Castel de Saint-Pierre,
Der Traktat vom ewigen Frieden (1713).

Rechtefreier deutscher Text unter:
http://gutenberg.spiegel.de/buch/
der-traktat-vom-ewigen-frieden-7664/8

Rechtefreier Originaltext (Edition von 1713, Bd. I) unter:
http://gallica.bnf.fr/ark:/12148/bpt6k86492n?rk=21459;2

Rechtefreier Originaltext (Edition von 1713, Bd. II) unter:
http://gallica.bnf.fr/ark:/12148/bpt6k864930?rk=42918;4

17. Das christliche Europa als große Republik?

In Kapitel 2 „Die Staaten Europas vor Ludwig XIV." seiner historiographischen Abhandlung „Das Jahrhundert Ludwigs XIV." (1751) unterstreicht Voltaire die Prinzipien eines römischen Rechts des christlichen Europas vor der Thronbesteigung Ludwigs XIV.

Vor langer Zeit konnte man das christliche Europa (fast bis hin zu Russland) als eine Art großer Republik, die in mehrere Staaten unterteilt ist, die einen von monarchischer, die anderen von gemischter Verfassung, ansehen; diese aristokratisch, jene wie Volksrepubliken; aber alle gehörten sie zusammen; alle hatten sie den gleichen Bestand an Religion, wenn auch in mehrere Sekten geteilt; alle hatten sie die gleichen Prinzipien des öffentlichen Rechts und der Politik, die in anderen Teilen der Welt unbekannt sind. Dank dieser Prinzipien versklaven die europäischen Nationen ihre Gefangenen nicht, dank ihnen respektieren sie die Botschafter ihrer Feinde, dank ihnen stimmen sie in der Vormachtstellung und in bestimmten Rechten einiger Prinzen wie dem Kaiser, den Königen und anderer kleinerer Machthaber überein; dank ihnen einigen sie sich in der weisen Politik, so gut sie es vermögen, ein Machtgleichgewicht zwischen ihnen zu halten, indem sie sich immer wieder der Verhandlungen bedienen, selbst inmitten des Krieges, und indem sie Botschafter unterhalten oder weniger ehrenwerte Spione, die alle Höfe über die Vorhaben eines einzelnen unterrichten und so gleichzeitig für ganz Europa Alarm schlagen können und den Schwächeren Invasionen garantieren, die der Stärkste immer zu unternehmen bereit ist.

Voltaire, *Das Zeitalter Ludwig XIV.* (1751).

Rechtefreier Originaltext (Edition von 1878) unter:
https://fr.wikisource.org/wiki/Le_Siècle_de_Louis_XIV

18. Einheit in der Viefalt?

In seinem Traktat Paris, das Muster aller Nationen oder das französische Europa *(1777),[i] liefert Louis-Antoine Caraccioli (1719-1803), Polygraph philosophischer, historischer und religiöser Werke, einen Überblick über die Sitten und Gebräuche Europas in der zweiten Hälfte des 18. Jahrhunderts unter dem maßgeblichen Einfluss Frankreichs.*

Von den unterschiedlichen Völkern

Gott bewahre mich, dass ich andere Europäer heruntersetze, um die Franzosen zu erheben. Italiener, Engländer, Deutsche, Spanier, Polen, Russen, Schweden, Portugiesen, usw. Ihr alle seid meine Brüder, alle meine Freunde, alle gleich brav und tugendlich. Glückselig der Weltbürger, der weder die Antipathie noch das Vorurteil kennt.

Wenn ich Euch in unterschiedene Rassen teile, so geschieht es, weil Ihr in der Art da zu sein unterschieden seid; weil die Natur nicht zwei

---

Wesen gemacht hat, welche einander vollkommen ähnlich sind, sie hat nicht zwei Völker gleich standhaft, noch gleich leichtsinnig gebildet. Die Welt ist wahrhaftig ein Blumenbüschel, wo der Franzose bunt wie die Nelke, der Italiener prächtig wie die Rose, der Engländer poliert wie die Viole ohne Geruch usw. die rührendsten einander entgegenstehenden Sachen bilden.

Das Erdreich sowohl als das Klima ist nicht die einzige Sache, welche die Völker unterscheidet, die einzige, welche die Holländer gefrieren macht, welche den Italiener entzündet; die Form der Regierung hat einen besonderen Einfluss auf den Streit und die Sitten. Man hat nicht gleiche Gebräuche und Meinungen in einem despotischen Lande und in einer Republik. Der Engländer sieht die Sachen in der Nähe, der Muselmann wird sie nur in der Ferne gewahr. Dies ist die Geschichte von dem Gesichtsglase, davon eines die Gegenstände verkleinert und das andere selbe vergrößert.

Es mag sein, wie es will, man hat alle Zeit ein Volk gefunden, welchem man sich bestrebte, es nachzuahmen. Ehemals war alles römisch, dermalen ist alles französisch. Der Unterschied der Zeiten bringt diese Veränderung hervor. Nichts ist unveränderlich unter dem Gestirne, welches den großen Veränderungen der Zeit unterworfen ist, und auf einer Erde, wo das menschliche von Natur unruhige Herz sich aus der Unbeständigkeit eine Ehre macht und an Versuchen und Probe machen ein Vergnügen hat.

Louis-Antoine Caraccioli,
Paris, das Muster aller Nationen oder das französische Europa (1777).

19. Der europäische Handel

In seinem Werk Vom Geist der Gesetze (1748) *beschreibt Montesquieu (1689-1755)[i] im XXI. Buch eine Geschichte des Handels, in der er die Auswirkungen der Veränderungen in diesem Bereich erörtert. Die neue geopolitische Situation der Welt sei so verschieden von dem, was die „nationalen Geschichtswerke" zu bieten haben, dass es gelte, eine neue Geschichte zu schreiben. Die Globalisierung der Austauschprozesse habe als Zentrum Europa, wobei es dabei zu einer Dezentralisierung komme. Weit davon entfernt zu einem simplen Eurozentrismus zu führen, lädt die Untersuchung der komplexen Wechselbeziehungen, die aus der Umwälzung des Handels resultieren, vielmehr dazu ein, über die Beziehung zwischen Wirtschaft und Politik nachzudenken.*

So ist es auch ein Grundgesetz in Europa, dass aller Verkehr mit einer fremden Kolonie für einen nach den Landesgesetzen zu bestrafenden Alleinhandel angesehen wird; und man muss davon nicht nach den Gesetzen und Beispielen der Alten urteilen, als welche hier gar keine Anwendung finden.

Wiederum hat man durchgängig angenommen, dass der Handel zwischen den Mutterländern keine Handelserlaubnis für die Kolonien gibt; denn diese bleiben vom auswärtigen Handel ganz ausgeschlossen.

Der Nachteil, welchen freilich dieser Zwang für die Kolonien mit sich führt, wird auf der anderen Seite durch den Schutz ersetzt, welchen sie vom Mutterland genießen, das sie durch seine Waffen von außen und von innen durch Gesetze sichert.

Hieraus folgt ein drittes Gesetz: Dass man nämlich, wenn der auswärtige Handel mit der Kolonie untersagt ist, ihre Gewässer nicht anders als in den nachgelassenen Fällen beschiffen darf.

Jene Völker, welche im Verhältnis mit der ganzen Welt das sind, was einzelne Menschen in Ansehung eines Staates sind, betragen sich wie diese, nach dem natürlichen Rechte und nach den Gesetzen, welche sie unter sich errichtet haben. Ein Volk kann dem anderen das Meer

---

i   https://commons.wikimedia.org/wiki/File:Montesquieu_1.png

einräumen, wie es ihnen das Land abtreten kann. Die Kathaginienser verlangten von den Römern, dass sie nicht über gewisse Distrikte hinaus schiffen sollten, wie die Griechen von dem König der Perser verlangten, sich jederzeit so weit von den Küsten entfernt zu halten als man mit einem Pferd erreiten könnte.

Die große Entlegenheit unserer Kolonien macht sie darum nicht unsicherer: Denn wenn ihnen das Mutterland seine Macht von weitem zur Hilfe schicken muss, so müssen Feinde, die sich ihrer bemächtigen wollen, ihre Macht auch von weitem hinschicken.

So macht auch diese Entfernung, dass die, welche sich in der Kolonie anbauen, weil jenes Klima viel Fremdes für sie hat, an das sie sich nicht gleich gewöhnen können, genötigt sind, alle ihre Bedürfnisse aus dem Lande zu holen, das sie verlassen haben. Die Katharginienser verboten den Sarden und Korsen, um ihren Zustand desto abhängiger zu machen, bei Lebensstrafe, zu säen und zu pflanzen, oder irgend das Land zu bauen. Wir haben das Nämliche ohne Beihilfe so harter Gesetze ausgerichtet. Man betrachte nur einmal unsere antillischen Inseln; sie haben gewisse Handlungsbedürfnisse, welche wir weder haben noch haben können, und ihnen fehlt gerade dasjenige, was wir ausführen.

Durch die Entdeckung von Amerika kamen Europa, Asien und Afrika in ihr heutiges Verhältnis. Amerika gibt Europa den Stoff zu seinem Handel mit jenen weitläufigen Teilen Asiens, den man Ostindien nennt. Das Geld, das, als Zeichen betrachtet, dem Handel so wichtige Dienste leistet, wurde, auch als Ware betrachtet, die Basis des größten Handels auf Erden. Endlich wurde auch die Schifffahrt nach Afrika notwendig und sie lieferte Sklaven für die amerikanischen Bergwerke und Pflanzungen.

Europa ist zu einem so hohen Grad von Macht gestiegen, dass die Geschichte nichts Ähnliches aufzuweisen hat, man mag nun seinen unermesslichen Aufwand oder die Größe seiner Verbindungen und die ungeheure Menge seiner Truppen betrachten, die auch dann noch unterhalten werden, wenn sie ganz unbeschäftigt sind und gleichsam nur der Pracht wegen da sind.

Der Vater du Halde[ii] sagt, dass der einheimische Handel von China allein größer sei als der ganze Handel Europas zusammen

---

ii   Der französische Jesuit Jean-Baptiste Du Halde (1674-1743) ist Autor der berühmten *Beschreibung des chinesischen Reiches* (1735).

genommen. Das könnte sein, wenn nicht unser auswärtiger Handel den einheimischen vermehrte. Europa treibt den Handel und die Schifffahrt von den drei übrigen Weltteilen, wie solche ungefähr Frankreich, England und Holland von Europa treibt.

Montesquieu, *Vom Geist der Gesetze* (1748).

Rechtefreier Originaltext (Edition von 1748) unter:
http://classiques.uqac.ca/classiques/montesquieu/de_esprit_des_lois/partie_4/esprit_des_lois_Livre_4.pdf

20. Die religiöse Toleranz

In seinem Traktat zum ewigen Frieden, *unterstreicht der Abbé de Saint-Pierre die Bedeutung der religiösen Toleranz und des interreligiösen Dialogs zwischen Katholiken, Protestanten, den Vertretern des Islam oder des orthodoxen Christentums.*

Der vorgeschlagene Völkerbund bezweckt keine Versöhnung der verschiedenen Religionen, sondern den Frieden zwischen Völkern verschiedenen Glaubens. Was ist also unmöglich daran? Die deutschen Lutheraner leben in Frieden mit den deutschen Katholiken. Der Glaubensunterschied hat Spanien nicht abgehalten, sich mit Holland zu verbünden. Führte man nur wegen der Religion Krieg, so träfe der Einwand zu. Aber mein Plan lässt jedem seinen Glauben wie seinen Besitz, es kommt also nicht darauf an, alle Völker der Welt religiös zu einigen. Ich sage nur und wiederhole es: Wenn etwas geeignet ist, die verschiedenen Bekenntnisse nach und nach zur Erkenntnis der Wahrheit zu führen, so ist der ewige Friede das beste Mittel dazu, ja die Grundlage jeder Versöhnung. Durch den Handelsverkehr werden die verschiedenen Glaubensmeinungen miteinander verglichen, und nur durch solche häufigen Vergleiche kann man hoffen, dass die vernünftigsten Ansichten sich schließlich durchsetzen und dass die Vernunft dazu beiträgt, alle Menschen zum wahren Glauben zu führen. […]

Man hat mir entgegengehalten, dass der mohammedanische Glaube die Bestimmung enthält, keinen Friedensvertrag mit Christen zu schließen. Aber wer so redet, vergisst eine wesentliche Einschränkung. Die Mohammedaner dürfen keinen dauernden Frieden mit christlichen Feinden schließen, die gleich stark oder fast gleich stark sind. Auf weit stärkere Christen trifft diese Bestimmung nicht zu, denn das hieße, ihren Glauben aufs schwerste gefährden. Stände aber der Großherr ganz allein dem europäischen Völkerbund gegenüber, so wäre sein Reich und sein Glaube in höchster Gefahr. Da die Mohammedaner ferner einen Frieden auf 20 Jahre schließen und ihn erneuern dürfen, warum nicht auf 100 Jahre und ihn dann verlängern? Und haben solche langen, stets erneuerten Friedensschlüsse nicht die gleiche Wirkung wie ein ewiger Friede?

Charles-Irénée Castel de Saint-Pierre,
Der Traktat vom ewigen Frieden (1713).

Rechtefreier deutscher Text unter:
http://gutenberg.spiegel.de/buch/
der-traktat-vom-ewigen-frieden-7664/8

Rechtefreier Originaltext (Edition von 1713, Bd. I) unter:
http://gallica.bnf.fr/ark:/12148/bpt6k86492n?rk=21459;2

Rechtefreier Originaltext (Edition von 1713, Bd. II) unter:
http://gallica.bnf.fr/ark:/12148/bpt6k864930?rk=42918;4

21. Der Reichtum der europäischen Küche

In seinem Werk Paris, das Muster aller Nationen oder das französische
Europa (1777) *stellt Louis-Antoine Caraccioli fest, dass die französische Küche
maßgeblich zur Bereicherung der kulinarischen Gewohnheiten aller Europäer
beigetragen habe. Die Bedeutung der Zukunft der französischen Küche sieht er
folgendermaßen.*

Von den Mahlzeiten

Dies ist gewiss und niemand wird es bestreiten, dass Europa den
Franzosen die unschätzbare Ehre, dass man nicht mehr im Weine die
Vernunft ersäuft und den Vorteil, dass man niedlich speist, zu danken
habe. Ich weiß, dass die Italiener niemals auf die übermäßige Trunkenheit
verfallen sind; wie aber sie keine Tafel haben und die Nüchternheit eine
ihrer vornehmsten Tugenden ist, so kann man ihnen den Ruhm nicht
zuschreiben, die Trunkenheit von den Gastereien verbannt zu haben.

Ein Fremder, welche ehemals in Deutschland und in Polen reise und
sich bei der Tafel der großen Herren befand, erduldete eine Plage von
den Mitgästen, wenn er nicht trank. Man nötigte ihn, der Gesellschaft
ein Vergnügen zu tun und er musste auf die Gesundheit der Lebendigen
und sogar der Toten trinken; denn man endete gemeiniglich die
Zusammenkunft, ohne viel von dem zu wissen, was man sagte.

Diese seltsame Gewohnheit ist dermalen abgeschafft und ohne die
vortrefflichen und unterschiedlichen Weine, welche den deutschen
Gastereien einen Vorzug über die französischen geben, trinkt man nicht
mehr zu Warschau und zu Prag als zu Paris. Nur die Engländer haben
noch nicht diese böse Gewohnheit verlassen wollen; welches nicht
wenig beiträgt, ihren Eifer für die Wissenschaften zu hemmen.

Die Fremden, sei es, weil sie mit den französischen Gesandten
umgegangen, oder weil sie selbst in Frankreich gekommen sind,
haben endlich begriffen, dass die Mäßigkeit besonders die Tugend
wohlerzogener Leute ist, und dass, wenn es geschieht, bisweilen von
dem besten Weine eine Spitze der Fröhlichkeit herzuholen, es verhasst
ist, seine Vernunft und seine Sinne zu verlieren. Nichtsdestoweniger

kann man nicht leugnen, dass unsere Gelage sehr verdrießlich geworden sind, seitdem man Ansprüche auf den Verstand hat, und nur die gute Mahlzeit selbe behauptet; sie aber ist vortrefflich.

[…] Welche Marter vor diesem eine russische Gasterei und dermalen welche Freiheit, welches Vergnügen! Man redet da mit Vorteil, man lacht da mit einer ungezwungenen Art, man isst da niedlich, und dieses ist noch ein französisches Wunderwerk.

Zu Mailand isst man zu Abend, seitdem der Marschall von Villars da die Gewohnheit Mahlzeiten zu geben eingeführt hat; man hält zu Turin Gastereien, als in einem Lande, welches Grenoble und Lyon nahe liegt, und man fängt in Rom lebhaft an, nach dem Beispiel der französischen Abgesandten, das gute Essen zu erkennen, und zu wissen, damit umzugehen.

„Kommen Sie ohne Komplimente und essen Sie bei mir zu Mittage", sagte ganz freundschaftlich ein Neapolitaner einem liebenswürdigen Reisenden, welchen er kennt; „Wir werden weniger sein als die Musen und mehr als die Grazien; die Zahl, mit einem Worte, welche anständig ist; dass das Gespräch allgemein und nicht zu viel Lärm sei!"

„Oh!", antwortet der Fremde, „das ist kein Neapolitaner, der mich einlädt, sondern ein Franzose: Man muss fürwahr gestehen, dass man dafür hält zu Paris, und nicht zu Neapel zu sein, wenn man so freundlich eingeladen wird."

Louis-Antoine Caraccioli,
Paris, Das Muster aller Nationen oder das französische Europa (1777).

Rechtefreier Originaltext (Edition von 1777) unter:
http://gallica.bnf.fr/ark:/12148/bpt6k1156961

🔊 **Rechtefreie Audioversion des Originaltextes unter:**
http://gallica.bnf.fr/ark:/12148/bpt6k1156961/f3.vocal

22. Europa aus Sicht der Perser

In seinem Briefroman Persische Briefe *(1721),[i] beschreibt Montesquieu (1689-1755) aus der Perspektive des 'fremden Blicks' der beiden reisenden Perser Rica und Usbek, Frankreich. Europa, wo die Perser unterschiedlichste politische Systeme entdecken, —was sie wiederum zu der Frage führt, „welche Regierungsform am ehesten den Prinzipien der Vernunft entspräche" —ist auch der Kontinent der Geschichte der Nationen und insbesondere der „Republiken". Rhédi spricht vom Hauch der Freiheit aus dem Norden und reflektiert über die Art und Weise, wie sich „die Liebe zur Freiheit" in die Geschichte der europäischen Republiken einschreibt.*

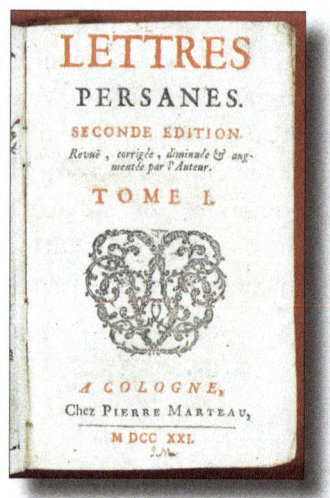

Hundertundeinunddreißigster Brief

Rhedi an Rica in Paris

Als ich nach Europa kam, reizte ganz besonders die Geschichte und der Ursprung der Republiken meine Wissbegierde. Du weißt, dass die meisten Asiaten sich die Regierungsform nicht einmal zu denken vermögen, und dass ihre Fantasie nicht einmal im Stande war, ihnen

---

i   https://commons.wikimedia.org/wiki/File:"Persiska_brev"_av_Montesquieu_-_
      Skoklosters_slott_-_56543.tif

begreiflich zu machen, dass es auf der Erde eine andere als die despotische Regierungsform geben könnte.

Die ersten uns bekannten Regierungsformen waren monarchische; erst durch Zufall und im Laufe der Jahrhunderte bildeten sich Republiken.

Nachdem Griechenland von einer Sintflut überschwemmt worden war, wurde es von neuen Bewohnern bevölkert. Fast all seine Ansiedler bezog es aus Ägypten und den benachbarten asiatischen Gegenden; und da diese Länder von Königen regiert wurden, hatten die Völker, welche aus ihnen entsprossen, dieselbe Regierungsform. Als aber die Tyrannei dieser Völker zu drückend wurde, schüttelte man das Joch ab und aus den Trümmern all jener Königreiche erhoben sich jene Republiken, welche Griechenland zu so herrlicher Blüte verhalfen, - diesem einzig gesitteten Lande inmitten von Barbaren.

Die Liebe zur Freiheit, der Hass gegen die Könige erhielten Griechenland lange seine Unabhängigkeit und breiteten die republikanische Regierungsform weit aus. Die griechischen Städte fanden Verbündete in Kleinasien; sie legten dort Kolonien an, die eben so frei wie sie selbst waren und ihnen als Schutzwehr gegen die Unternehmungen der Perserkönige dienten. Ja, noch mehr: Griechenland bevölkerte Italien, Spanien und vielleicht auch Gallien. Man weiß, dass jenes große, bei den Alten so berühmte Hesperien anfangs Griechenland war, das seine Nachbarn als eine Stätte der Glückseligkeit betrachteten. Die Griechen, welche dieses glückliche Land nicht bei sich daheim fanden, fanden es in Italien; die Bewohner Italiens in Spanien; die Spanier in Bätica oder Portugal, so dass bei den Alten all diese Gegenden diesen Namen führten. Die griechischen Kolonien brachten einen Geist der Freiheit mit sich, den sie in jenem milden Lande eingeatmet hatten. Daher erblickte man in jenen entlegenen Zeiten in Italien, Spanien und Gallien keine Monarchien. Du wirst bald sehen, dass die Völker des Nordens und Deutschlands nicht minder frei waren; und wenn man Spuren eines Königtums bei ihnen findet, so kommt es daher, weil man die Häuptlinge der Kriegsscharen oder der Republiken für Könige gehalten hat.

All dies ging in Europa vor; denn Asien und Afrika seufzten stets unter der Last des Despotismus, ausgenommen einige Städte Kleinasiens, von welchen schon die Rede war, und die Republik Karthago in Afrika.

Zwei mächtige Republiken, Rom und Karthago, teilten unter sich die Welt. Nichts ist bekannter als die Anfänge der römischen Republik und nichts unbekannter als der Ursprung Karthagos. Man weiß nicht das Mindeste von der Reihenfolge der afrikanischen Fürsten seit Dido und wie sie ihre Macht verloren. Die ungeheurere Vergrößerung der römischen Republik wäre ein großes Glück für die Welt geworden, wenn nicht ein so ungerechter Unterschied zwischen den römischen Bürgern und den besiegten Völkern bestanden, wenn man den Statthaltern der Provinzen eine minder ausgedehnte Gewalt verliehen hätte; wenn die so heiligen Gesetze, welche ihre Tyrannei verhindern sollten, befolgt worden wären, und wenn sie sich nicht, um dieselben zum Schweigen zu bringen, eben jener Schätze bedient hätten, die ihre Ungerechtigkeit zusammengerafft hatte.

Cäsar unterdrückte die römische Republik und unterwarf sie einer willkürlichen Gewalt.

Europa seufzte lange Zeit unter einer militärischen und gewalttätigen Regierung; und die römische Milde wurde in eine grausame Unterdrückung verwandelt.

Aber zahlreiche unbekannte Völkerstämme kamen von Norden herab und ergossen sich wie Ströme in die römischen Provinzen; und da sie es eben nicht so leicht fanden, Eroberungen zu machen als Seeraub zu üben, so zerstückelten sie das Weltreich und machten Königreiche daraus. Die Völker waren frei und sie beschränkten so sehr die Macht ihrer Könige, dass dieselben eigentlich nur Stammeshäuptlinge oder Kriegsoberste waren. So empfanden diese Königreiche, obschon sie durch Gewalt gegründet worden, nicht das Joch des Siegers. Als die dem Willen eines Einzigen unterworfenen Völkerschaften Wiens, wie die Türken und Tataren, Eroberungen machten, dachten sie nur daran, ihm neue Untertanen zu verschaffen und seine gewalttätige Herrschaft durch Waffengewalt zu befestigen; als aber die nordischen Völker, welche daheim frei waren, sich der römischen Provinz bemächtigten, verliehen sie ihren Häuptlingen keine große Macht. Einige dieser Völker, wie die Vandalen in Afrika, die Goten in Spanien, setzten sogar ihre Könige ab, sobald sie mit ihnen unzufrieden waren; und bei anderen war die Herrschermacht des Fürsten auf tausenderlei verschiedene Arten beschränkt. Zahlreiche Lehnsherren teilten sie mit ihm; er konnte nur mit ihrer Bewilligung Krieg führen; die Beute wurde unter den

Häuptling und den Soldaten geteilt; es gab keine Auflagen zu Gunsten des Fürsten; die Gesetze wurden in Volksversammlungen beschlossen. Dies ist das Grundprinzip aller Staaten, die sich aus den Trümmern des römischen Weltreichs bildeten.

Venedig, den 20sten des Mondes Rhegeb 1719

Montesquieu, *Persische Briefe* (1721).

Rechtefreier Originaltext (Edition von 1873) unter:
https://fr.wikisource.org/wiki/Lettres_persanes

23. Nordeuropäische und südeuropäische Literaturen: ein Vergleich

*Anne Louise Germaine de Staël-Holstein (1766-1817),[i] Tochter des Bankiers Jacques Necker, Minister unter Ludwig XVI., war Romanautorin (*Delphine*, 1802;* Corinne *1807) und hat politische und literarische Abhandlungen verfasst. In ihrem Essay* Über Deutschland *(1810), bringt sie den Franzosen die deutschsprachige Literatur näher und stellt Überlegungen zu den Nationalcharaktären der beiden Länder an. Die Beziehungen zwischen der Literatur und den jeweiligen sozio-historischen Gegebenheiten sind bereits Thema ihres 1800 veröffentlichten Werkes* Über Literatur in ihren Verhältnissen mit den gesellschaftlichen Einrichtungen und dem Geiste der Zeit.

Von der Literatur des Nordens

Es gibt, dünkt mich, zwei völlig verschiedene Literaturen; diejenige, die aus dem Süden und die, welche aus dem Norden abstammt; die eine, deren erste Quelle Homer, die andere, deren Ursprung Ossian ist. Die

---

Griechen, die Lateiner, die Italiener, die Spanier, und die Franzosen aus dem Jahrhundert Ludwig XIV. gehören zu jener Gattung von Literatur, welche ich die südliche nennen werde. Die Engländer, die Deutschen, und einige Schriften der Dänen und der Schweden müssen zu der Literatur des Nordens gerechnet werden, zu derjenigen, welche mit den schottischen Barden, den isländischen Fabeln und den skandinavischen Gedichten ihren Anfang genommen hat. Ehe ich zur Charakteristik der englischen und deutschen Schriftsteller fortgehe, halte ich es für notwendig, die vornehmsten Verschiedenheiten der beiden Halbkugeln der Literatur zuvor im Allgemeinen zu betrachten. [...]

Die Beschaffenheit des Klimas ist gewiss eine der vornehmsten Ursachen von den Verschiedenheiten, welche zwischen den Bildern, die im Norden gefallen, im Vergleich mit denen, an die man im Süden sich gern erinnert, stattfinden. Die Träume der Dichter können außerordentliche Dinge zur Welt bringen; aber die gewohnten Eindrücke des Lebens müssen sich notwendig in allen Werten des Geistes wiederfinden. Die Erinnerung an diese Eindrücke vermeiden hieße, auf den größten aller Vorteile Verzicht tun, den Vorteil, das zu schildern, was man selbst erfahren hat.

Die Dichter des Südens verflechten Bilder von erquickender Kühlung, von Schattenhainen, von klaren Bächen, in alle Empfindungen des Lebens. Sie können nicht einmal das Andenken von Genüssen des Herzens zurückrufen, ohne damit die Vorstellung des wohltätigen Schattens zu vermischen, der sie gegen die brennende Sonnenhitze schützen soll. Die so lebenvolle Natur, welche sie umgibt, erweckt in ihnen mehr Bewegungen als Gedanken. Mit Unrecht hat man, dünkt mich, behauptet, die Leidenschaften wären im Süden ungleich heftiger als im Norden. Man findet dort zwar mannigfaltigere Gegenstände der Teilnahme, aber dafür auch weniger Kraft und Stärke in einem und demselben Gedanken; und doch ist es die Anhänglichkeit, welche alle die Wunder der Leidenschaften und des Willens hervorbringt.

Die Völker des Nordens sind weniger mit den Vergnügungen, als mit dem Schmerze beschäftigt; und ihre Fantasie ist deswegen nur um so viel fruchtbarer. [...]

Die Poesie des Nordens passt viel besser als die südliche für den Geist eines freien Volks. [...]

Die Philosophie nahm, bei der Wiedergeburt der Wissenschaften, ihren Anfang bei den nördlichen Nationen, in deren Religionswesen die

Vernunft unendlich weniger Vorurteile zu bekämpfen fand als bei den südlichen Völkern. […]

Überhaupt kann man sich nichts Frostigeres und Gesuchteres denken als die Besetzung von Religionsideen in ein fremdes Land, wo sie nur als sinnreiche Metaphern aufgenommen werden. Die Poesie des Nordens ist selten bildlich; keine ihrer Wirkungen bedarf eines örtlichen Aberglaubens, um die Fantasie zu rühren. Ein gedankenvoller Enthusiasmus, eine reine Erhöhung der Gefühle, kann für alle Völker gleichmäßig passen; es ist die wahre dichterische Begeisterung, für welche sich das Gefühl in allen Herzen findet, deren Ausdruck aber die Gabe des Genies ist.

Germaine de Staël, *Über Literatur in ihren Verhältnissen mit den gesellschaftlichen Einrichtungen und dem Geiste der Zeit* (1800).

Rechtefreier deutscher Text (Edition von 1801) unter:
http://digitale-sammlungen.gwlb.de/index.php?id=6&
no_cache=1&tx_dlf%5Bid%5D=1979&tx_dlf%5Bpage%5D
=1&tx_dlf%5Bpointer%5D=0

Rechtefreier Originaltext (Edition von 1800) unter:
http://gallica.bnf.fr/ark:/12148/bpt6k61078256/f2.image

🔊 **Rechtefreie Audioversion des Originaltextes unter:**
http://gallica.bnf.fr/ark:/12148/bpt6k61078256/f2.vocal

24. Nationalcharaktäre

Der Abbé François-Ignace d'Espiard de La Borde (1707-1777), Sohn eines Parlamentspräsidenten in der Franche-Comté, war der erste Vikar des Bischofs von Troyes, dann beratender Geistlicher am Parlament von Burgund. Bekannt ist er für sein Essay über das Genie und den Charakter der Nationen *(Brüssel, 1743), das 1752 unter dem Titel* Der Geist der Nationen *wieder aufgelegt wurde. Er erläutert darin den Einfluss physikalischer Faktoren, abhängig von den geographischen Gegebenheiten für die Nationalcharaktäre. Dabei vertieft er bestimmte Aspekte seiner Theorie insbesondere im Hinblick auf das weibliche Geschlecht und die Liebe.*

Wir unterscheiden die Völker, die die Erde bewohnen, in drei Gruppen. Die erste umfasst die 30 Breitengrade ab dem Äquator, die wir den heißen Regionen und den südlichen Völkern zuschreiben. Die folgenden 30 umfassen die mittleren und gemäßigten Zonen bis zum 60. Grad in Richtung des Pols. Von dort aus bis zum Pol liegen die 30 Breitengrade der nördlichen Völker mit den Zonen extremer Kälte.

Die gleiche Aufteilung lässt sich für die Völker oberhalb des Äquators machen, in Richtung Nordpol. [...]

Zwischen dem 40. und dem 50. liegen Spanien, Frankreich, Italien, Süddeutschland bis zum Main, Ungarn, Illyrien, die beiden Mysien,[i] Rumänien, Moldavien, Thrakien und Mazedonien, ein Großteil Anatoliens, Sogdien, im Süden durch Baktrien begrenzt, schließlich Armenien sowie die Provinz der Parthien. [...]

Die Völker Amerikas und Europas sind Krieger, die niemals Frauen eingesperrt haben. Weder die Wilden, noch die Skythen oder die Goten etc. haben, trotz ihrer Barbarei, jemals versucht, die Frauen ihrer Freiheit zu berauben. Im Gegenteil profitierten sie immer von einer Art der Ebenbürtigkeit in der Männergesellschaft. Ihr Glück begann in Europa, sobald die Völker zu einem gewissen Wohlstand gekommen waren. Je mehr man nach Norden vordringt, desto größer ist ihre Selbständigkeit und desto geringer ausgeprägt ist der Neid. Man wagt es kaum, die Unbeteiligtheit der alten deutschen Gesetze diesbezüglich zu erwähnen. Aber genau diese Westgoten, als sie einmal nach Spanien gezogen waren, nahmen die dortigen Gesetze des Neids an, welche in

---

i   Der Nord-Westen Kleinasiens.

einem solchen Klima dort notwendig waren. Wenn denn tatsächlich die Unbeständigkeit der Frauen, sobald sie ein wenig Freiheit genießen, so groß ist in Cusco, Lima, Goa oder in Asien, wie die Reisenden dies beschrieben.

Man überlässt es den Schriftstellern, die diese Abenteuer und einfallsreichen Geschichten zu Papier bringen, im Detail den Geist der Gesellschaft, die Sitten und die französische Galanterie zu schildern. Ein einziger philosophischer Blick gereicht unserem Ziel. Man hätte so eine allgemeine Idee des Geistes und des Herzens der modernen Nationen.

Die Schönheit erweckt entweder Leidenschaft oder Sinnlichkeit oder Freude oder Bewunderung. Der melancholische und tiefsinnige Spanier tendiert eher zum natürlichen Objekt der Leidenschaft, d.h. der Schönheit. Er zieht sie dem Verstand und der Freude vor. Der Italiener weicht bereits ein wenig aus: Er tendiert nicht zum Objekt der Leidenschaft, nämlich der Schönheit, sondern zu seinem Ziel, der Wollust. Er bevorzugt eine schüchterne Schönheit. In der Leidenschaft des Spaniers liegt allein die Natur; in der des Italieners geht bereits Phantasie und Verstand ein.

Der Franzose, weniger tiefgehend in seinen Empfindungen, weicht stärker vom Objekt und dem Begriff der Schönheit ab. Er zieht wohlgelaunte Frauen vor und den Verstand der Fröhlichkeit. Der Deutsche schließlich entfernt sich noch weiter davon. Die Schönheit erweckt in ihm Bewunderung und Respekt, die jedoch nicht die wichtigsten Auswirkungen darstellen. Auch konnte die ausgesprochenen Schönheit der deutschen Frauen das Phlegma der Nation nicht beheben und auch nicht dem Stil und der Künste diese schöne Feuer vermitteln, die Italien und Frankreich aus der Antike mitgenommen haben.

Die Art zu lieben ist jeder Nation eigen und entspricht ihrem Prinzip. Der Spanier spielt den Verrückten und droht damit, alles ins Verderben zu stürzen, wenn er nicht gewinnt. Wenn er verliert, kommt es zu den Auflösungsprozessen und all den durch die Liebe bedingten Akten der Buße, die so eindringlich in den Romanen beschrieben werden. Vor nicht einmal fünfzig Jahren und vielleicht auch noch heute, hatten die Spanier am Hofe eine Art Sekte der führenden Liebenden, die *Embevecidos* genannt wurden, d.h. aus Liebe Trunkene. Sie haben das Recht, ihre Leidenschaft öffentlich zur Schau zu stellen. Niemand achtet auf ihre Haltung, ihr Aussehen; denn die Liebe, die sie ganz und gar beschäftigt, gereicht ihnen als Entschuldigung.

Der Italiener greift mittels Bildern einer geschliffenen Wollust und raffinierter Schamlosigkeit an. Das Genie seiner Dichtung kündigt die Genüsse an. Seine Leidenschaft bricht in der Musik und in den Konzerten aus. Nichts kommt seiner Fruchtbarkeit in der Poesie gleich. Er gibt nicht eher nach, bis er seine Eroberung getätigt oder sich gegen seinen Feind gerächt hat.

Der Franzose ist leichtfertig, unbeständig und brillant. Die Fröhlichkeit seiner Liebe erklingt in den Liedern, Späßen, der Komik und in angenehmen Mahlzeiten. Wenn seine Liebe erwidert wird, wird sie dem Unbeständigen schnell leid. Wenn seine Geliebte gefühllos bleibt, droht er; dann tröstet er sich; und das Gewitter ist nicht von langer Dauer.

Der Deutsche, kalt, besonnen, nachdenklich ist nur schwer zu erregen; aber wenn er einmal verliebt ist, schenkt er mit vollen Händen. Das ist die große Kunst seiner Galanterie. Im Übrigen ist er verschämt, schüchtern und auf Anstand bedacht. Wenn er das Glück hat, geliebt zu werden, kehrt er schnell zu seinem Phlegma zurück, und wenn er unglücklich ist, bleibt er wie er war.

[...] Ansonsten haben wir nur diese vier Ausformungen der Leidenschaft; und alle Arten der unterschiedlichen Nationen zu lieben sind auf diese zurückzuführen, manchmal in kombinierter Form oder einzeln.

François-Ignace d'Espiard de La Borde, *Vom Geist der Nationen* (1752).

25. Sprachliche Vielfalt in Europa

Louis-Antoine Caraccioli postuliert in seiner Abhandlung Paris, das Muster aller Nationen oder das französische Europa *(1777), die Vormachtstellung der französischen Sprache in Europa. Er tritt somit in die Debatte über die Sprachenfrage ein, an der zahlreiche Denker der Zeit teilnehmen, wie z. B. auch Rivarol.*[i]

Von den Sprachen

Ein jedes Volk gibt das, was es ist, durch seine Art zu reden an den Tag. Die polnische Freiheit, die deutsche Ernsthaftigkeit, die italienische Verschlagenheit, der spanische Stolz, das französische flüchtige Wesen lassen sich in den unterschiedenen Sprachen und in der Weise, sie auszusprechen, bemerken. Der eine zieht seine Worte, der andere stürzt sie über einander hin; dieser verschlingt sie, jener macht sie klingen.

Wenn es hier der Ort wäre, einer jeden Sprache den Platz anzuweisen, der ihr gebührt, so würde ich sagen, dass nach der griechischen und lateinischen, die italienische als schmeichelnd und wohlklingend; die französische als zierlich und richtig, den Vorzug verdienen. Wenn diese Letzte dermalen die triumphierende ist, so ist sie es, weil sie, natürlich und kurz in ihren Ausdrücken, die Sprache der Gesellschaft ist; die italienische, ihres Wohlklanges halben, scheint weniger geschickt zur Unterredung als zur Musik und zur Dichtkunst.

[...] Man muss zur französischen Sprache zurückkehren, wenn man Gespräche halten will; weniger weitläufig als alle andere, wenige beschwerlich auszusprechen, fordert sie weder die Menge der Worte, noch die Bemühung der Kehle, um den Gedanken Stärke zu geben; was sage ich, sie setzt selbe so zusammen, dass sie ihnen viele Unannehmlichkeiten gibt, ohne sie zu entkräften noch schwülstig zu machen.

Wenn gewisse Schriftsteller gesucht haben auszustreuen, sie sei sehr arm, so geschah es, weil sie die Gabe nicht hatten, sie empor zu bringen, sie wird aber wegen ihrer falschen Beschuldigungen durch das Vergnügen, welches die Europäer sie zu reden genießen, vollkommen gerächt.

---

i   Rivarol (Antoine de Rivaroli, 1753-1803) erhielt 1784 den Preis der Akademie von Berlin für seinen *Discours sur l'universalité de la langue française* (*Rede über die Universaltät der französischen Sprache*). Friedrich II. ernannte ihn daraufhin zum assoziierten Mitglied der Akademie.

Überdies, schreibe man wie Pascal, wie Malebranche, wie Bossuet, wie Rousseau, und alsbald wird man die Welt überzeugen, dass die französische Sprache wahrhaftig reich ist, und dass, wenn sie ihre Art, etwas zu fragen nicht unendlich abändert, sie den Gedanken eine Zierlichkeit und einen Nachdruck gibt, dessen die mittelmäßigen Autoren sie nicht fähig halten.

[...] Der Ausländer hat diese gewaltige Bezauberung gefühlt, er ist gleichsam wider seinen Willen fortgeschleppt worden, seine Muttersprache zu vergessen, um die der Franzosen zu reden. Man erstaunt, dass man an dem Hofe zu Wien, zu Petersburg, zu Warschau wie an dem zu Versailles Gespräche halten hört. Dort ist eben der Ausdruck, dort die Art der Aussprache.

Franzosen, empfindet den ganzen Wert einer dergleichen Ehre und befleißet euch, mehr als jemals eine Sprache zu bereichern, welche fast allgemein geworden ist.

Der Pariser, welcher in Europa reist, wird kaum gewahr, dass er Paris verlassen hat, er findet keine Stadt, wo man ihm nicht antworten kann.

[...] Diese Sprache hat den Ruhm, dass sie den Engländern fast alle Redensarten der Wissenschaften und der Künste verschafft hat. Diese stolzen Einwohner der Inseln, welche niemand etwas wollen schuldig sein, sind genötigt worden, den Franzosen eine Menge der nachdrücklichsten Worte zu stehlen; und es ist keine Jahreszeit, wo sie nicht in Schwärmen nach Frankreich kommen, um da die Sprache der Corneille und der Racine zu erlernen. Es ist noch ein anderer Vorteil der französischen Sprache, sich in der Dichtkunst in die Höhe zu schwingen, so sehr als diese Kunst erhaben ist, und den sinnreichsten Gedanken einen neuen Glanz zu geben.

Louis-Antoine Caraccioli,
Paris, das Muster aller Nationen oder das französische Europa (1777).

Rechtefreier originaltext (Edition von 1777) unter:
http://gallica.bnf.fr/ark:/12148/bpt6k1156961

 Rechtefreie Audioversion des Originaltextes unter:
http://gallica.bnf.fr/ark:/12148/bpt6k1156961/f3.vocal

26. Die Rolle Deutschlands für die europäische Kultur

August Wilhelm Schlegel (1767-1845),[i] Vertreter der deutschen Romantik und Freund der Germaine de Staël, analysiert in seiner literaturkritischen Abhandlung Abrisse von den europäischen Verhältnissen der deutschen Literatur *(um 1828) die Rolle der deutschen Literatur für die europäische Kultur.*

Deutschland, wiewohl nicht bloß geographisch, sondern auch in intellektueller Hinsicht im Herzen Europas gelegen, ist immer noch selbst für die nächsten Nachbarn eine *terra incognita*. Diese Art zu sein hat gleichwohl ihre Vorteile: reisen doch auch die Souveräne incognito, weil sie es anziehend finden, die Menschen kennen zu lernen, während sie von ihnen unerkannt bleiben. Wir sind, darf ich wohl behaupten, die Kosmopoliten der Europäischen Kultur: Wir fragen gar wenig danach, in welchem Lande zuerst eine neue Wahrheit ans Licht gefördert worden ist; wir werden durch keine Parteilichkeit oder Beschränktheit gehindert, jeden irgendwo gemachten Fortschritt in der Wissenschaft sofort anzuerkennen und zu benutzen. Die Ausländer haben uns nicht durch übertriebene Bewunderung zur nationalen Eitelkeit verwöhnt, wie es unsern westlichen Nachbarn zu ihrem Nachteile widerfuhr; hierüber können wir am wenigsten Klage führen. Auf der andern Seite sind wir auch unbekümmert um ihren Tadel: Denn wir wissen schon im Voraus, dass er meistens aus Unbekanntschaft oder aus eingewurzelten Vorurteilen und einseitigen Gewöhnungen herrührt. […]

Das heutige Europa ist mündig geworden durch die Besitznahme von der reichen geistigen Erbschaft, welche Griechenland und Rom uns hinterlassen hatten; durch die Reformation und den dadurch veranlassten und Jahrhunderte lang fortgesetzten Kampf der Meinungen, auch solcher Meinungen, welche auf den ersten Blick nicht an die Religion und kirchliche Verfassung geknüpft zu sein scheinen;

---

i   https://www.flickr.com/photos/internetarchivebookimages/14777435381

durch die außerordentliche und in allen vorhergehenden Zeitaltern beispiellose Entfaltung der beobachtenden und berechnenden Naturwissenschaften; endlich durch die seit Vasco de Gama und Columbus begonnene und jetzt beinahe zur Vollendung gebrachte Entdeckung der Weltteile und Ozeane und die dadurch möglich gemachte Bekanntschaft, ja den tätigen Verkehr mit den gesamten menschlichen Bewohnern unsers Planeten.

August Wilhem Schlegel, „Abriss von den europäischen Verhältnissen der Deutschen Literatur" in *Kritische Schriften* (1828).

Louis-Léopold Boilly, *Ankunft der Kutsche im Hof der Massageries* (1803).[ii]

---

ii   https://commons.wikimedia.org/wiki/File:Louis-Léopold_Boilly_002.jpg

27. Die Entführung der Europa

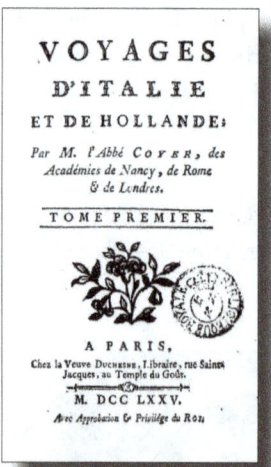

Gabriel Coyer (1707-1782) war bis 1736 Jesuit, betätigte sich dann als Hauslehrer, Privatsekretär und Schriftsteller. Seine originellen und oft gewagten Ideen und seine Beteiligung an den großen kulturellen Debatten seiner Zeit lassen ihn zweifellos zu den 'Philosophen' zählen. „Er ist unser Bruder", sagte Voltaire über ihn. Coyer reiste zwischen 1763-1764 nach Italien und 1769 nach Holland.[i]

Venedig, 12. Juni 1764

Sie haben überall die Entführung Europas gesehen. Paolo Veronese hat sie ebenfalls schlecht behandelt; aber mit welcher Kunstfertigkeit in der Gruppierung, mit welchen Farbtönen, welcher Großartigkeit geht er dabei vor? Der Effekt ist niemals so herausragend, niemals so schön. Der Stier leckt die Füße der entführten Schönheit. Was sagen Sie zu dieser netten Idee? Dieser Schatz befindet sich im Dogenpalast am Markusplatz.

Gabriel Coyer, *Reise nach Italien und nach Holland* (1775).

Rechtefreier Originaltext (Edition von 1775) unter:
http://gallica.bnf.fr/ark:/12148/bpt6k103467z

---

i   http://gallica.bnf.fr/ark:/12148/bpt6k103467z

28. Die Handelsunion?

In seinem Traktat vom ewigen Frieden *widerspricht Charles-Irénée Castel de Saint-Pierre den Feinden des Europaprojektes, wenn er die Bedeutung einer Wirtschaftsunion für das Wachstum der daran beteiligten Länder hervorhebt.*

Claude-Joseph Vernet, *Küstenansicht.*[i]

Man hat mir nun eingewandt, dass die Zunahme des Handels in Frankreich, Dänemark, Spanien und Portugal und anderwärts infolge des Völkerbundes zum Schaden Englands und besonders Hollands, das heißt der beiden Welthandelsmächte, gereichen muss. Aber dieser Einwand ist leicht zu widerlegen. Die Zunahme des Handels würde doch nur bei allen im gleichen Verhältnis erfolgen; die Haupthandelsvölker behielten also stets ihren Vorsprung, solange sie wollten, da ihnen ja die

---

i   https://commons.wikimedia.org/wiki/File:Vue_côtière.jpg

meisten Mittel zum Handeltreiben bleiben. Wenn sie es aber nicht mehr wollen, so werden ihnen die anderen Völker kein Unrecht tun, wenn sie das auflesen, was jene fallen gelassen haben.

Charles-Irénée Castel de Saint-Pierre,
Der Traktat vom ewigen Frieden (1713).

Rechtefreier deutscher Text unter:
http://gutenberg.spiegel.de/buch/
der-traktat-vom-ewigen-frieden-7664/8

Rechtefreier Originaltext (Edition von 1713, Bd. I) unter:
http://gallica.bnf.fr/ark:/12148/bpt6k86492n?rk=21459;2

Rechtefreier Originaltext (Edition von 1713, Bd. II) unter:
http://gallica.bnf.fr/ark:/12148/bpt6k864930?rk=42918;4

29. Ein gemeinsamer europäischer Markt

Im Gegensatz zur Idee des Traumes von der Autarkie wie Fichte sie in dem Werk Der geschlossene Handelsstaat *(1800) formuliert, verweist Charles de Villers (1765-1815)[i] auf die Notwendigkeit eines gemeinsamen europäischen Marktes, den Austausch aller großen europäischen Handelsstädte zwischen Norden und Süden. Diese Städte mit Fluss- oder Seehäfen haben so zwei Rollen in Bezug auf den Handel: eine unmittelbare auf lokaler Ebene und eine mittelfristige zugunsten des gesamten Kontinentes. Der Begriff des Lagers, das sich aus dieser zweiten Rolle ableitet, bezeichnet die Handelsverbindung zwischen Norden und Süden. Das politische Modell, das sich positiv auf den Handel auswirkt, lässt sich von den drei Hansestädten herleiten: Bremen, Hamburg und Lübeck und sollte auf die anderen Städte, wie insbesondere Venedig und Genua, angewendet werden. Schließlich erfordert der Handel eingehende Kenntnisse, weshalb Villers von einem aufgeklärten Handel träumt.*

Die künstlichen wie tatsächlichen Bedürfnisse der Bevölkerung, ihr hoher Beschäftigungsgrad und ihre Kultiviertheit machen den gegenseitigen Austausch von Landwirtschafts- und Produktionsgütern unerlässlich. Jener Teil des Kontinentes hat einen Überfluss an Wein, Öl oder erlesenen Früchten, an Seide, Wolle (roh oder verarbeitet), also Luxuswaren—jener andere einen Überfluss an Korn, Leinen, Hanf (aus dem Seile, Segel und Taue hergestellt werden), an Bauholz, Eisen und Kupfer, an Teer, an Wachs, an Talg, etc. Schließlich liefern das Klima, der Boden, der lokale Industriezweig jeder Region den Überfluss an einem oder mehreren Lebensmitteln, aber auch den Mangel an einigen anderen. Deshalb ist das Tauschgeschäft notwendig, um das zu bekommen, was man nicht hat. Derjenige, der zu viel Wein besitzt, kann diesen gegen Korn tauschen. Jener, der zu viel Korn besitzt, kann sich im Gegenzug Wein besorgen. Derjenige, der zu viel Metall hat, nutzt es um Korn oder Wein zu kaufen, etc.—Und vergeblich würde sich eine Region als

---

i   https://commons.wikimedia.org/wiki/File:Charles_de_Villers.jpg

Rebellion gegen die Natur von den anderen isolieren wollen und seinen eigenen Boden dazu zwingen, die diversen Produkte hervorzubringen, die sie benötigt. [...]

Hierin besteht also die zweite Rolle des Handels, nämlich die des Lagers; eine besonders wichtige Rolle, die die entferntesten Regionen miteinander verbindet, Regionen, denen die Natur jeglichen direkten Umgang versagt zu haben schien, zumindest in einem bestimmten Umfang. Der Handel auf dem Flussweg eines jeden Hafens, der an einem Fluss liegt, besteht im direkten Verkauf der eigenen Lebensmittel der direkten Umgebung sowie im Einkauf der ausländischen für den Konsum benötigten Waren. Aber was die Produktion betrifft, trägt das Lager nicht selbst zu dem bei, was den Gegenstand seiner Aktivität darstellt. Es sind vielmehr die ausländischen Waren, die in seinen Hallen angesammelt werden. Es empfängt von den einen, um mit anderen zu tauschen, wobei es als einzige Garantie Zahlungsmittel, guten Glauben und Ermächtigung hat. Die Besonderheit der Handelsfunktion des Lagers besteht also in seiner Mittlerrolle und darin, sich nicht auf den Import und Export mit einer einzigen Handelsregion zu beschränken. Die erste Funktion des Handels, auch wenn er sich niemals auf eine eingeschränkte Region beschränkt, ist lokal und praktisch immer auf eine Nation beschränkt. Die zweite hingegen umfasst eine Vielzahl von ganzen Staaten. Sie befriedigt die Interessen aller, begründet Institutionen, die von allen Nationen akzeptiert werden müssen, die zu ihrem wohltätigen Einfluss beitragen. [...]

Was für alle notwendig ist, was allen gehört, darf nicht einem einzelnen gehören. Die großen Handelslager sind das gemeinsame Eigentum ganz Europas; und fortan muss es ein unumstößlicher Artikel des Völkerrechts dieses Erdteiles sein, dass man in allen Kriegen die absolute Neutralität dieser Plätze achtet, ihr Territorium unberührt lässt, wie auch ihre Häfen, wie auch ihren Pavillon, dass man keine Truppen in ihre Mauern eindringen lässt und sich nicht erlaubt, irgendwelche Steuern daraus zu erheben. Diese Schonung darf keinesfalls aus dem Geiste der Bevorzugung der Hansestädte heraus erfolgen, sondern aus dem Interesse des Gemeinwohls und durch den edlen Geist der Zivilisation, der sich selbst die Pflicht auferlegt, alles zu schützen, was dazu dient, ihn erblühen zu lassen. [...]

Diese ersten Grundzüge einer generellen Ordnung des europäischen Handels zeigen, wie präzise und festgelegt die bestimmten Aufgaben der Mitglieder dieser großen Einheit sind. Damit ein jeder das Beste aus seiner Position und der Sachlage machen kann, muss er beide, so gut es geht, kennen, und sich nicht einer blinden Gewohnheit hingeben. Der Händler muss sehr gut gebildet sein! Die umfassende Kenntnis der Erde, ihrer Produkte, ihrer Bewohner, der verschiedenen Sprachen, des Rechts, der Geschichte, der Politik, der Finanzen, der Reisen und anderes sind ihm unerlässlich. Damit der Handel auf diesem Niveau funktioniert, muss er von einem weitsichtigen und vernünftigen Geist angeleitet werden. Diese Eigenschaften fehlen leider vielen Händlern. Ich habe selbst einige kennen gelernt, die die Bildung verachten. Es wäre sehr wünschenswert, wenn sich in dieser Hinsicht etwas ändern würde. Die Einführung einer *Handelsakademie* würde ganz Europa zu großem Vorteil gereichen. Gute Voraussetzungen dafür wären in Hamburg. Man könnte die Akademie in dem kleinen Ort Bergedorf, nahe des Elbufers, ansiedeln, da er zugleich zu Hamburg und zu Lübeck gehört. Eine solche Institution wäre einer Stadt würdig, die Männer hervorgebracht hat wie *Büsch, Reimarus, Ebeling*,[ii] etc.

Charles de Villers, *Verfassungen der drei freien Handelsstädte* (1814).

Rechtefreier Originaltext (Edition von 1814) unter:
https://books.google.co.uk/books?id=deBYAAAAcAAJ
&printsec=frontcover

---

ii   Johann Georg Büsch (1728-1800): Pädogoge; Hermann Samuel Reimarus (1694-1768): Philosoph und Schriftsteller; Christoph Daniel Ebeling (1741-1817): Geograph.

30. Das Reich der Vernunft

Die politischen Ideen des Stanislas Leszczynski (1677-1766),[i] König von Polen, dann Herzog von Lothringen, lässt sich durch eine Mischung von Pragmatismus und Idealismus charakterisieren. Um mit seinen Nachbarn in Frieden zu leben, muss ein Staat sich fürchten lassen. Aber er wird nur langfristig seine Herrschaft wahren, wenn seine Gesetze dem Gebot der Weisheit gehorchen und der Herrscher selbst tugendhaft waltet.

In seinem Gespräch eines Europäers mit einem Inselbewohner des Königreiches von Dumocala *lässt er einen Reisenden, dessen Schiff in unbekannten südlichen Gefilden Schiffbruch erlitten hat, mit einem ehrbaren Mann diskutieren, einer Art Brachmane, auf den er am dritten Tag seiner Ankunft trifft.*

Sie irren sich, setzte er erneut an [der Brachmane]: Unsere Insel ist isoliert, das ist wohl wahr; aber sie ist riesig. Es gehört uns nur der Hauptteil von ihr und wir haben Nachbarn, die umso eifersüchtiger auf unsere Macht sein müssten, als es niemanden unter ihnen gibt, die ihr gleich käme. Jeder von ihnen ist allein wenig zu fürchten, aber sie könnten es durch ihren Zusammenschluss werden. Aber unser System schützt uns vor ihren Anfeindungen. Durch unsere Aufrichtigkeit haben wir ihr Vertrauen gewonnen; sie haben so viele Beweise unserer Uneigennützigkeit, dass sie uns ebenso friedfertig einschätzen, wie sie es selbst sein sollten.

Weniger ruhig untereinander, da sie einander misstrauen, liegen sie fast immer im Streit miteinander; und ihre Kriege sind umso grausamer, als sie immer erbitterter geführt werden infolge des Kräftegleichgewichtes, das zu einem Gleichstand ihres Erfolges wird.

Nur ihr Glaube an unsere Weisheit kann das Ende ihres Unglücks bewirken. Sie akzeptieren unseren Herrscher als Schiedsrichter über ihre Streitigkeiten; und dieser, der ja mächtig genug ist, um ihnen den Frieden aufzuzwingen, findet eine größere Ehre, ihnen den Frieden

---

i   https://commons.wikimedia.org/wiki/File:Atelier_de_Van_Loo-Portrait_de_
     Stanislas_Leszczynski-Musée_barrois.jpg

zuzugestehen als ihn zu erzwingen, indem er auf ihre Kosten sein Herrschaftsgebiet erweiterte.

Es handelt sich um eine Art universelle Monarchie, die auf umso festeren Grundpfeilern steht, als diejenigen, die sie unterwirft, daran interessiert sind, sich ihr zu unterwerfen und als die Völker, die von ihr regiert werden, danach streben, ihren Gesetzen zu gehorchen.

Daher rührt auch, dass unsere Truppen, um sie zu erhalten, immerfort bereit sind, dahin zu marschieren, wohin sie gerufen werden. Aber diese Truppen, im Gegensatz zu den üblichen Gepflogenheiten Eures Landes, sind nur dazu bestimmt, Kriege zu beenden und bringen keine Nationen gegen uns auf, die ihren Vorteil in unserer Übermacht finden. […]

Vergleicht also, fügte der Brachmane hinzu, Eure Politik mit der unserigen und seht, welche besser, sicherer und tatsächlich nützlicher ist; diejenige, die man verdächtigen muss, da sie erfolglos bleibt, weil sie danach strebt, unbemerkt zu bleiben oder diejenige, die sich offen zeigt und zwischen den Nationen das Band der Verbindung und der Freundschaft spannt statt Misstrauen und Furcht zu säen.

Stanislas Leszczynski, *Gespräch eines Europäers mit einem Inselbewohner des Königreiches von Dumocala* (1752).

31. Verbreitung des Reichtums

Der spanische Adelige Tomás de Iriarte (1750-1791)[i] wuchs in einer Familie auf, welche sehr unter dem Einfluss der französischen Kultur stand, und er blieb diesem Erbe treu, durch welches er aufgrund seiner Tätigkeit als Übersetzer, insbesondere französischer Dramen, zu Ruhm gelangte. Seine Fabeln gingen den umgekehrten Weg, da sie auf Florian[ii] einen unbestreitbaren Einfluss hatten. Dieser kurze Text zeigt, dass niemand Prophet im eigenen Lande ist und dass es immer nützlich ist, offen für fremde Einflüsse zu sein.

---

i   https://commons.wikimedia.org/wiki/File:Tomas_de_Iriarte_Joaquin_Inza.jpg
ii   Jean-Pierre Claris de Florian (1755-1794): französicher Dichter und Autor von Dramen, Romanen und Fabeln.

Fabel XLI — Tee und Salbei

Der Tee, kommend aus China,
trifft auf dem Weg auf den Salbei,
Er sagt zu ihm: „Wohin des Weges, mein Freund?"
—Ich gehe nach Europa, mein Lieber,
Dort, weiß ich, zahlt man viel für mich".
„Ich", antwortete der Salbei, „gehe nach China,
Denn dort bin ich willkommen, habe ich gehört,
als Gewürz und Medizin.
In Europa behandelt man mich als Wilden,
und ich konnte dort niemals mein Glück machen."
„Dann geh, glücklich sei Deine Reise,
Denn es gibt keine Nation,
wo die aus dem Ausland stammenden Produkte,
Nicht mit Enthusiasmus und Geld willkommen geheißen werden."

Tomás de Iriarte, „Tee und Salbei" in *Fabeln* (1782).

Rechtefreier Originaltext unter:
http://albalearning.com/audiolibros/iriarte/41te.html

 **Rechtefreie Audioversion des Originaltextes unter:**
http://albalearning.com/SONIDO/iriarte/albalearning-41te_
iriarte.mp3

32. Europäisches Gesellschaftsleben

Louis-Antoine Caraccioli beschreibt in seiner Abhandlung Paris, das Muster aller Nationen oder das französische Europa (1777) *wie das Modell der französischen Konversation zur Entwicklung der Umgangsformen in Europa beigetragen hat.*

Der Geist der Gesellschaft

Es ist nicht allen Menschen gegeben, diesen verbindenden und gelinden Streit zu haben, welcher das Vertrauen gewinnt und in allen Ländern gefällt. Ich weiß nur von den Italienern, den Franzosen und etwa den Schweden, welche von sich selbst geneigt, sich denen vorzukommen, welche ihnen begegnen und mit denselben gerne reden.

Fast alle Europäer zurückhaltend, sind nur gesellig geworden, seitdem sie die französische Art an sich genommen haben. Man musste ehemals eine unglaubliche Mühe anwenden, um ein einziges Wort aus einem Engländer herauszubringen. Da er sich immer einbildete, man suche ihn in seinen Reden zu fangen, so überlegte er bei sich selbst das kürzeste einsilbige Wort, um es aus der Verwirrung herauszubringen, und er bezahlte mit dieser Münze alle diejenigen, welche mit ihm Gespräche halten wollten.

Es war eine ganz andere Sache, wenn man in sein Land kam. Er kannte die Leute nicht mehr, von welchen er die größten Höflichkeiten empfangen hatte. Glückseliges Jahrhundert! Alles hat sich verändert, der Holländer redet und der Engländer bewillkommnet den Fremdling.

Nachdem man die Franzosen viel reden hört, macht man sie unvermerkt nach. Und wie sie überaus von Natur viel fragen und neugierig sind, so haben sie oft viel gefragt, dass man ihnen mit Zwange oder freiwillig antworten musste. Die Zungen haben sich durch dieses Mittel losgemacht, und man versteht dermalen bei allen Europäern die Kunst Gespräche zu halten.

Es ist nicht mehr die Zeit, wo die versammelten Leute ohne ein Wort zu reden ganze Tage mit Tabakschmauchen zubringen. Die holländischen Tabakstuben sind fast ebenso sausend geworden, als wenn sie mit Franzosen angefüllt wären; und die deutschen Wirtshäuser, wo man allezeit nur mit viel Mühe antwortete, haben dermalen Wirte, welche einige Redensarten stammeln und sogar Komplimente machen.

Ich räume ein, dass der Franzose es wagt, sich in Gespräche einzulassen; dass er oft, ohne die zu kennen, welche er sieht, an sie seine Reden richtet; dass er sogar an sie Fragen stellt, und sucht der Freund des menschlichen Geschlechtes zu werden: Ist aber dieses nicht besser als eine mürrische Person, welche das Ansehen eines von einem Grabmale entwischten Bildes hat; als ein Mensch, welcher immer glaubt in Feindes Landen zu sein und welcher fürchtet, seine Ehre zu wagen, wenn er auch nur von Regen redet? Ich liebe mehr einen Dummen, welcher plaudert als einen zynischen Philosophen, welcher kein Wort redet; ich will lieber mit meinem Papagei zu Mittag speisen als mit einem Original, welches nur, um zu essen, die Zähne voneinander sperrt.

Was ist angenehmer für einen Menschen, welcher reist, als wenn er Leute antrifft, welche ihn über unterschiedliche Begebenheiten unterhalten, ihm von den Neuigkeiten des Tages Nachricht geben, die Geschichte des vorigen erzählen und sich als seine Freunde, als seine Brüder angeben, von dem Augenblicke an, als sie ihn anreden?

Wir sähen gern, dass die ganze Welt nur ein einziges Geschlecht machte, und mit unterschiedenen Beschäftigungen, und mit unterschiedenem Geschmacke gleiche Absichten erfüllte, und zu gleichem Ziele und Ende mitwirkte. Alsdann würde man sagen, es sei nur ein einziger Streit, nur eine einzige Seele, ein einziges Wesen.

Es ist nicht fünfzig Jahre, dass ein Franzose, der sich in einer Gesellschaft zu Genua oder zu London einfand, für einen wahrhaften Narren gehalten wurde. Seine freien Reden und Umgang brachte Leute auf, welche nur wussten, ernsthaft zu sein; jetzt aber, nachdem man den Wert der Gesellschaft erkannt hat, fällt man nicht mehr ein so verwegenes Urteil. Das, was damals für eine Torheit und Unverstand angesehen worden, wird jetzt für ein lustiges Wesen gehalten.

Die Geschicklichkeit, Gespräche zu halten, ist allezeit die liebste Wissenschaft der Franzosen gewesen: Sie würden sich lieber wünschen, nicht zu leben als nicht zu reden; und ich sehe nicht, dass sie Unrecht haben, weil die Worten und Gedanken dasjenige sind, welches den Menschen von den Tieren wesentlich unterscheidet.

Die Gesetze der Unterredung, da sie nicht sind, sich bei einem Gegenstand lange und mit Beschwernis aufzuhalten, fordern ohne Bemühung und Zwang von einer Materie zur andern zu gehen; von schlechten Dingen und wie von ersthaften reden zu wissen; sich zu erinnern, dass die Gespräche zur Erquickung und keine Gefechte sind; ein Spiel und kein Studieren; zu diesem sind die Franzosen viel geschickter als alle anderen Nationen.

[…] Nichts ist angenehmer, als wenn man einen höflichen, schmeichelnden und artigen Umgang hat; und dieses ist ein Vergnügen, welches man heutzutage in ganz Europa findet. In Deutschland, und vornehmlich in Italien, verteilt man sich in Gesellschaften, wo die Seele ihre Gemächlichkeit hat, wo der Geist sich in die Höhe schwingt, wo Minerva scherzt, wo Venus Sittenlehren gibt, wo die Grazien und Musen sich artig schlagen; der Franzose hat da einen Gefallen, er findet da Paris, er findet da sich selbst wieder.

Der Engländer erlangt diese so nützliche und so natürliche Annehmlichkeit; er will sogar in heutiger Zeit nicht, dass man ihn in Verdacht habe, still und tiefsinnig zu sein. Man würde sagen, er schäme sich, es gewesen zu sein. Es ist alles zu wetten, dass nach den Verwandlungen, welche wir sehen, er sich endlich überreden wird, dass man nicht mit Tafelhalten von Morgen bis in die Nacht, noch da man sich den Vergnügungen unmäßig überlässt, sich die Zeit verkürze.

Nach dem Beispiel, welches Frankreich gegeben hat, haben die Europäer nicht mehr den alten Umgang, nur allen zu disputieren und gelehrte Stürme zu unternehmen. Man überlässt die Streite den Schulen, und die Schulfüchse werden von den guten Gesellschaften ausgemustert, wo man keinen Satz mehr zu verteidigen hat.

Louis-Antoine Caraccioli,
Paris, das Muster aller Nationen oder das französische Europa (1777).

Techtefreier Originaltext (Edition von 1777) unter:
http://gallica.bnf.fr/ark:/12148/bpt6k1156961

 **Rechtefreie Audioversion des Originaltextes unter:**
http://gallica.bnf.fr/ark:/12148/bpt6k1156961/f3.vocal

33. Die Sicherheit der europäischen Grenzen

In seinem Traktat vom ewigen Frieden *sieht Charles-Irénée Castel de Saint-Pierre die Sicherung der europäischen Außengrenzen vor, indem er auf die Mithilfe der assoziierten Staaten zählt. Jeder behält seine Truppen, welche jedoch den Nachbarländern zu Hilfe kommen können.*

Zur Sicherung Europas befestigt der Zar und der türkische Sultan alle Grenzen der Gebiete, die nicht zum Bunde gehören. Der Bund hält in ihnen beträchtliche Besatzungen aus allen Bundestruppen.

Macht einer der Grenznachbarn ungewöhnliche Rüstungen, so verstärkt der Bund seine dortigen Truppen im gleichen Verhältnis, und zwar so, dass sie um ein Drittel stärker sind als die jenes Nachbarn. Damit aber die Truppen der im Kriege befindlichen Grenznachbarn nicht kriegstüchtiger werden als die Bundestruppen, bietet der Bund ihnen seine Vermittlung, seinen Schiedsspruch und seine Bürgschaften, sowohl in den gegenwärtigen Streitigkeiten wie in künftigen an und tritt auf Seiten dessen, der sie annimmt.

Um Kenntnis von jeder neuen Rüstung zu erhalten, werden beiderseits Gesandte und Residenten eingesetzt.

Charles-Irénée Castel de Saint-Pierre,
Der Traktat vom ewigen Frieden (1713).

Rechtefreier deutscher Text unter:
http://gutenberg.spiegel.de/buch/
der-traktat-vom-ewigen-frieden-7664/8

Rechtefreier Originaltext (Edition von 1713, Bd. I) unter:
http://gallica.bnf.fr/ark:/12148/bpt6k86492n?rk=21459;2

Rechtefreier Originaltext (Edition von 1713, Bd. II) unter:
http://gallica.bnf.fr/ark:/12148/bpt6k864930?rk=42918;4

34. Das koloniale Europa

Marie Leprince de Beaumont (1711-1780?),[i]
Erzieherin, Journalistin, Romanautorin
und Pädagogin vermittelt in ihren
Erziehungsdialogen wie Das Magazin für
Kinder (1756) *und das* Lehrreiche Magazin
für junge Leute (1760) *ein breites Wissen, das*
sich insbesondere an junge Mädchen richtet. Ihr
Unterrichtsprogramm umfasst sowohl Religion
als auch Biologie, Physik, Geschichte, Recht und
Philosophie. In der vorliegenden Lektion zur Geographie Amerikas kritisiert
Fräulein Gut, die Erzieherin, implizit den europäischen Kolonialismus und
tritt für die Idee der kulturellen Relativität ein.

Jungfrau Sophia.

Meine liebe Gut, ich habe sagen hören, es gebe Völker, welche ihre
Älteren tot machten, wenn sie alt wären, und sie hernach aufäßen; ist
das wohl wahr?

Madem. Gut.

Die Iroquesen, welche in dem nördlichen Amerika wohnen, taten
es sonst: jetzt aber tun sie es nicht mehr. Glauben Sie nicht, meine
lieben Kinder, dass sie es aus Bosheit taten. Ganz umgekehrt. Als die
Europäer in ihr Land kamen und sie erfuhren, dass man bei uns die
alten Leute leben ließe und sie hernach begrübe: So hielten sie uns für
sehr grausam. Was für eine Unmenschlichkeit, sagten sie, dass man
Personen, die uns das Leben gegeben haben, so viel Elend leiden lässt,
und sie hernach in ein Loch wirft, setzen sie hinzu. Wir überheben sie
der Beschwerlichkeiten in einem hohen Alter, und wir geben ihnen
unseren Magen zu einem Grabe. Wenn wir das Fleisch unserer Väter

---

i   https://commons.wikimedia.org/wiki/File:Jeanne-Marie_Leprince_de_Beaumont.jpg

essen: So stellen wir uns ihre schönsten Taten gegenwärtig vor, und wir bringen ihren Mut auf uns und auf unsere kleinen Kinder.

Marie Leprince de Beaumont,
Magazin für junge Leute, besonders junge Frauenzimmer (1760).

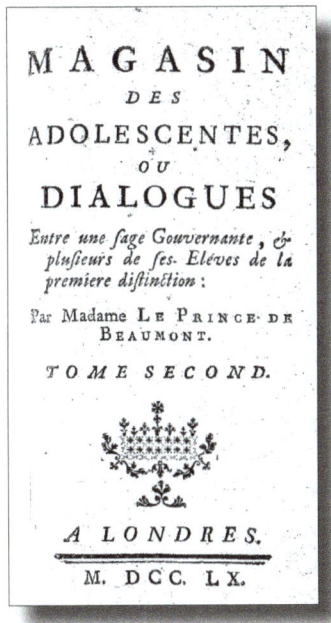

35. Ein anderer Weg der Erziehung?

Der Herzog von Nivernais (1716-1798),[i] Gelegenheitsdichter, hat uns zahlreiche Fabeln hinterlassen. In einer von ihnen erfindet er einen Dialog zwischen einem ‚Wilden' und einem Europäer. Er erwähnt eine Form der körperlichen Misshandlung, wenigstens in den Augen der Europäer, wie auch psychische Traumata aus der Perspektive des ‚Primitiven', der eine Weisheit an den Tag legt, der von seinem vermeintlich zivilisierten Gesprächspartner jedoch nicht verstanden wird.

Misshandelte Köpfe

Ein Wilder knetete,
Verschmälerte, verkleinerte
Den Kopf eines Kindes, um ihm die Form zu verleihen,
die dem Geschmack des Volkes entsprach.[ii]
Ein Europäer, der vorbeikam,
Fand dies eine große Barbarei;
Er rügte den Amerikaner,
Warf ihm vor,
die Gesetze der Natur zu missachten,
wenn er das menschliche Antlitz so verunstalte.
Die äußere Form kann so verletzt werden,
Gab der Hurone zu;
Aber wir lassen die Vernunft sich entwickeln,
Wir engen nicht die Gedanken ein.
Man sagte mir, auf Eurem Kontinent,
Beschneide man die Urteilskraft,
Wie bei uns den Kopfumfang.

---

i   https://commons.wikimedia.org/wiki/File:Ardell_(d'après_Ramsay)_-_Louis_
       Jules_Barbon_Mazarini_Mancini.jpg
ii   Siehe die Reiseberichte aller Amerikareisender [Anmerkung des Autors].

Dieser, um ehrlich zu sein,
sollte eher eingeschränkt werden.

Louis-Jules Barbon Mancini-Mazarini-Nivernois, Herzog von Nevers,
Die Fabeln des Mancini-Nivernois (1796).

Anonym. (wahrscheinlich jean de Brébeuf),
Karte des Landes der Huronen (1631-1651).[iii]

Rechtefreier Originaltext (Edition von 1796) unter:
https://archive.org/details/fablesdemancinin02nive

---

iii https://commons.wikimedia.org/wiki/File:Map_of_Huron_Country,_1631–51_
WDL9557.png

36. Die Bedeutung des Handels

Wie Abbé de Saint-Pierre oder Montesquieu hebt Louis-Antoine Caraccioli in seinem Werk Paris, das Muster aller Nationen oder das französische Europa *(1777) die große Bedeutung des Handels für die Völkerverständigung hervor. Die Vertiefung der Handelsbeziehungen in der zweiten Hälfte des 18. Jahrhunderts bringe so ein transkulturelles Europa unter französischer Vorherrschaft hervor.*

Von der Handlung

Da die Handlung die Völker miteinander verbindet, so ist sich nicht zu verwundern, dass sie vieles beigetragen habe, Europa französisch zu machen. Die Holländer und Engländer sind gewisslich die zwei Nationen gewesen, welche ihr mehr Bestand und mehr Größe verschafft haben; aber die Franzosen haben sie lebhafter gemacht. Man weiß, dass sie immer die Bewegung lieben.

Ich sehe sie auf allen Meeren, bald mit dem Verhängnis, bald mit den Elementen sich balgen, in der Absicht, Reichtümer zu sammeln; in der Tat weniger, um sich zu bereichern als sich sehen zu lassen. Ihre einschmeichelnde Sprache, ihr artiges Wesen dienen ihnen zum Geleitbriefe, um zu den Herzen derjenigen zu gelangen, die sie gewinnen wollen. Sie haben mehr Fremde bezwungen, als ein Engländer berichtet hat. Die Weiber besonders können ihrer Freundschaft nicht widerstehen; und seht, warum sie sich so leicht in entfernte Ländern verheiraten, warum sie da niemals bestürzt sind.

Man findet, dass ihre Art geschichtlich ist und dass die Handlung zur See, welche gemeiniglich den Sitten viele Rauigkeit gibt, sie weder grob noch wild macht: Sei es wirklich die gemäßigte Luft, sei es die Beschaffenheit der Nation, wer in Frankreich geboren und da erzogen worden ist, ist selten grob und toll. Man trifft da mutwillige, niemals aber grausame Leute an.

Demnach haben die Franzosen vermittels der Handlung selbst Europa angenehmer gemacht. Geschickt sich einzuschmeicheln, ziehen sie Reubekehrte zu, wo sie sich äußerlich nur mit der Handlung beschäftigen.

Ich rede hier nicht von der zweiten Gattung der Handelsleute; denn es gibt Kaufleute in allen ansehnlichen Städten, als Nantes, Rouen, Lyon, Marseille, Bordeaux, Paris, welche eine durchdringende Wissenschaft und weitläufige Kenntnis haben, welche mit einem Worte die Musen liebkosen und die ihnen als Sekretäre dienten, wenn ihr Briefwechsel bei dem Pluto, dem Gott der Reichtümer, zu etwas taugte.

Nichts breitet den Menschen in allen Weltteilen aus wie die Handlung. Aus ihrem Kabinette unterhält sich der Kaufmann mit allen Völkern der ganzen Welt und gibt seinen Briefen Befehl, bald nach Asien, bald nach Amerika zu gehen und seinen Willen kund zu machen; wie die Blätter der Sibylle, davon Virgil redet, scheint es mir, dass ich sie sehe sich in allen Teilen ausbreiten, und der Heftigkeit der stürmenden Winde und Wellen folgen.

Die Handlung ist es, wodurch das Gold umläuft, das Unangenehme mit dem Nützlichen sich vereinigt befindet, die Welt sich bereichert, und Frankreich seine Moden, Artigkeiten, Fleiß und Geschicklichkeit bekannt macht.

Wie viel haben nicht die, welche die Werthäuser einrichten, zu den glückseligen Veränderungen beigetragen, so den Gegenstand von diesem Werte machen! Sie haben durch die Schönheit ihrer Arbeit die Aufmerksamkeit hervorgelockt. Es ist kein Hof in Europa, wo nicht die französischen Stoffe Mode sind. Sie schmeicheln der Eitelkeit der Großen und dem nichtsnutzigem der Weiber; sie schimmern an den Galatagen. Ein Staatskleid, welches nicht zu Lyon ist gemacht worden, ein Diamant, welcher nicht zu Paris ist geschafft worden, ein Windfächer, welcher sein Herkommen dieser Stadt nicht zu verdanken hat, sind geschmacklose Sachen für den Fremdling. Er zeigt seine Freude nur, wenn er einiges Wertzeichen von dem französischen Geiste gewahr wird.

Arbeitet daher, sinnreicher Lyoner, zierliche Pariser; alles das, was von euren Händen herkommt, wird als ein Meisterstück erhoben werden, so viel Vertrauen hat man zu euren Gaben. Es ist wahr, das

Allergeringste, was ihr verfertigt, hat das Gepräge der Niedlichkeit und des Geschmackes. Auch kennt man euren Namen bis an das Ende Russlands, des Meeres, der Kaiser, die Könige,[i] usw.

Louis-Antoine Caraccioli,
Paris, das Muster aller Nationen oder das französische Europa (1777).

Rechtefreier Originaltext (Edition von 1777) unter:
http://gallica.bnf.fr/ark:/12148/bpt6k1156961

Rechtefreie Audioversion des Originaltextes unter:
http://gallica.bnf.fr/ark:/12148/bpt6k1156961/f3.vocal

---

i   Die Germains waren eine Dynastie von Goldschmieden. Lempereur und die Dulacs—dies war die geläufige Aussprache ihrer Namen—verkauften Luxusgüter in Paris.

37. Diversität und Einheit Europas

Johann Gottfried Herder (1744-1803),[i] deutscher Dichter, Philosoph und Übersetzer entwickelt seine Geschichtsphilosophie in seiner philosophischen Abhandlung Ideen zur Philosophie der Geschichte der Menschheit *(1784-1791). In vorliegendem Textausschnitt unterstreicht er die Idee der Vielfalt Europas, die zugleich ihre Stärke ausmache. Der Philosoph scheint sich der Problematik des Eurozentrismus bewusst und verteidigt die Idee der kulturellen Relativität.*

Warum zeichnet sich Europa durch seine Verschiedenheit von Nationen, durch seine Vielgewandtheit von Sitten und Künsten, am meisten aber durch die Wirksamkeit aus, die es auf alle Teile der Welt gehabt hat? Ich weiß wohl, dass es einen Zusammenfluss von Ursachen gibt, den wir hier nicht auseinander leiten können; physisch aber ist es unleugbar, dass sein durchschnittenes, vielgestaltiges Land mir dazu eine veranlassende und fördernde Ursache gewesen ist. Als auf verschiedenen Wegen und zu verschiedenen Zeiten sich die Völker Asiens hierher zogen: welche Buchten und Busen, wie viele und verschieden laufende Ströme, welche Abwechslung kleiner Bergreihen fanden sie hier! Sie konnten zusammen sein und sich trennen, aufeinander wirken und wieder in Frieden leben; der vielgegliederte kleine Weltteil ward also der Markt und das Gedränge aller Erdvölker im Kleinen. Das einzige mittelländische Meer, wie sehr ist es die Bestimmerin des ganzen Europa worden! So dass man beinah sagen kann, dass dies Meer allein den Über- und Fortgang aller alten und mittleren Kultur gemacht habe. Die Ostsee steht ihm weit nach, weil sie nördlicher, zwischen härteren Nationen und unfruchtbareren Ländern, gleichsam auf einer Nebenstraße des Weltmarkts, liegt; indessen ist auch sie dem ganzen Nord-Europa das Auge. Ohne sie wären die meisten ihr angrenzenden Länder barbarisch, kalt und unbewohnbar.

---

i   https://commons.wikimedia.org/wiki/File:Johann_Gottfried_Herder_2.jpg

Ein gleiches ist es mit dem Einschnitt zwischen Spanien und Frankreich, mit dem Kanal zwischen diesem und England, mit der Gestalt Englands, Italiens, des alten Griechenlandes. Man ändere die Grenzen dieser Länder, nehme hier eine Meerenge weg, schließe dort eine Straße zu; und die Bildung und Verwüstung der Welt, das Schicksal ganzer Völker und Weltteile geht Jahrhunderte durch auf einem anderen Wege. [...]

Weiterhin nach Europa verirre ich mich nicht. Es ist so formenreich und gemischt: es hat durch seine Kunst und Kultur so vielfach die Natur verändert, dass ich über seine durcheinander gemengte seine Nationen nichts Allgemeines zu sagen wage. [...]

Johann Gottfried Herder,
Ideen zur Philosophie der Geschichte der Menschheit (1784-1791).

Rechtefreier Originaltext (Edition von 1786) unter:
https://books.google.co.uk/books?id=GegOAAAAQAAJ
&printsec=frontcover

38. Kritik der europäischen Sitten

 *In ihrem Briefroman* Lettres d'une Péruvienne *(Briefe eine Peruanerin), veröffentlicht im Jahr 1747 und überarbeitet im Jahr 1752, übt Françoise de Graffigny (1695-1758),[i] nach dem Vorbild der* Lettres persanes *(Persische Briefe) (1721) von Montesquieu, Kritik an dem zivilisierten Europa und dabei besonders an den französischen Sitten. Die Briefe ihrer Heldin Zilia, die auf doppelte Weise fremd in dieser europäischen Gesellschaft des 18. Jahrhunderts ist, nämlich als Frau und als Peruanerin, beschreiben die ungleichen Verhältnisse in dem vorrevolutionären Europa.*

Brief 20 [Auszug]

Bis jetzt habe ich dir, mein lieber Aza, gänzlich beschäftigt mit den Leiden meines Herzens, noch gar nichts von denen meines Geistes erzählt; trotzdem sind sie nicht weniger grausam. Ich empfinde eine Art des Leidens, welches man bei uns nicht kennt, hervorgerufen von den allgemeinen Sitten dieser Nation [Frankreich], die sich so sehr von den unseren unterscheiden, dass du meine Besorgnis nicht nachempfinden könntest, wenn ich dir nicht einige Eindrücke davon schildern würde.

Die Regierung dieses Reiches, die sich von deinem so sehr unterscheidet, kann nur fehlerhaft sein. Während der Capa-Inka[ii] dazu verpflichtet ist, für das Wohl seines Volkes zu sorgen, erhalten die Herrscher in Europa durch die Arbeit ihrer Untertanen lediglich das eigene; alle Verbrechen und Elend haben deshalb fast immer unbefriedigte Bedürfnisse als Ursache.

Das Elend der Adligen rührt meistens aus ihrer Schwierigkeit her, ihren scheinbaren Wohlstand mit ihrer tatsächlichen Armut in Einklang zu bringen.

---

i   https://commons.wikimedia.org/wiki/File:Françoise_d'Happencourt_de_Graffigny.png

ii Herrscher der Inka.

Ein Teil des Volkes ist zur Abhängigkeit von den anderen gezwungen um zu überleben; der Nutzen ist dabei so beschränkt, dass diese Elenden kaum genug haben, um dem Tod zu entgehen.

Françoise de Graffigny, *Briefe einer Peruanerin* (1747/1752).

Frontispiz der Edition der *Briefe einer Peruanerin* von 1752, gezeichnet von Eisen und graviert von Lafosse.[iii]

Rechtefreier Originaltext (Edition von 1777) unter:
http://gallica.bnf.fr/ark:/12148/bpt6k62721455

Rechtefreie Audioversion des Originaltextes unter:
http://gallica.bnf.fr/ark:/12148/bpt6k62721455/f4.vocal

---

iii   https://commons.wikimedia.org/wiki/File:Lettre_d´une_peruvienne_-_Skoklosters _slott_-_86192.tif

39. Die europäische Zivilisation

David Hume (1711-1776),[i] schottischer Philosoph und Historiker gehört zu den Vertretern des Empirismus und des Sensualismus. In seinen Political discourses *(1752), beschreibt er Charakteristika der europäischen Kultur wie die Geselligkeit, die für ihn zu den Besonderheiten einer Hochkultur zählt.*

Von der Üppigkeit

[…]

Je mehr diese feinen Künste in Aufnahme kommen, desto geselliger werden die Menschen; und es ist auch unmöglich, dass sie alsdenn, wenn sie durch Wissenschaft bereichert und zum Umgange fähig gemacht sind, sich zur Einsamkeit bequemen, oder auf die entfernte Art mit ihren Mitbürgern leben sollten, die unwissenden und barbarischen Nationen eigen ist. Sie versammeln sich haufenweise in den Städten, geben und empfangen gern Unterricht und machen sich ein Vergnügen daraus, ihren Witz und gute Erziehung, ihren Geschmack im Umgange, in der Lebensart, in der Kleidung und in den Hausgeräten zu zeigen. […]

Besondere Versammlungen und Gesellschaften werden allenthalben errichtet. Beide Geschlechter gehen auf eine ungezwungene und gesellige Art miteinander um und die Gemütsbeschaffenheit sowohl als das Bezeigen der Mannspersonen wird feiner, so dass sie, außer der Verbesserung, die sie von den Wissenschaften und schönen Künsten erhalten, notwendigerweise schon dadurch einen Anwachs der Menschlichkeit fühlen müssen, weil sie beständig gewohnt sind, miteinander umzugehen, und ihr wechselweises Vergnügen zu befördern. Auf diese Art ist Fleiß, Wissenschaft und Menschlichkeit durch ein unauflösliches Band verknüpft; und es lehrt sowohl die

---

i   https://commons.wikimedia.org/wiki/File:David_Hume.jpg

Erfahrung als die Vernunft, dass sie den gesitteteren und üppigeren Zeiten vorzüglich eigen sind. [...]

Alle europäischen Königreiche haben jetzt beinahe eben die Grenzen, die sie vor zweihundert Jahren hatten; aber was für einen großen Unterschied bemerket man nicht unter der damaligen und jetzigen Macht dieser Reiche? Ein Unterschied, der keiner anderen Ursache als dem Wachstume der Künste und des Fleißes kann beigemessen werden.

David Hume, *Vermischte Schriften über die Handlung, die Manufakturen und die anderen Quellen des Reichtums und der Macht eines Staats* (1752).

Rechtefreier deutscher Text (Edition von 1766) unter:
https://books.google.de/
books?id=us_3IQ-v3McC&printsec=frontcover

Rechtefreier Text online (Edition von 1752) unter:
https://books.google.co.uk/books?id=fR9YAAAAcAAJ
&pg=PA27

40. Der Fortschritt des Rechts in Europa

Ludovico Antonio Muratori (1672-1750), italienischer Geschichtsschreiber und Philosoph, veröffentlicht 1748 seine Abhandlung Della pubblica felicità (Abhandlung über das öffentliche Glück).[i] *In seinem Werk schlägt Muratori moderate politische Reformen vor und versucht, die Aufklärung und den Katholizismus miteinander zu vereinbaren. Hier preist er den hohen Entwicklungsgrad der Justiz, der in Europa herrscht.*

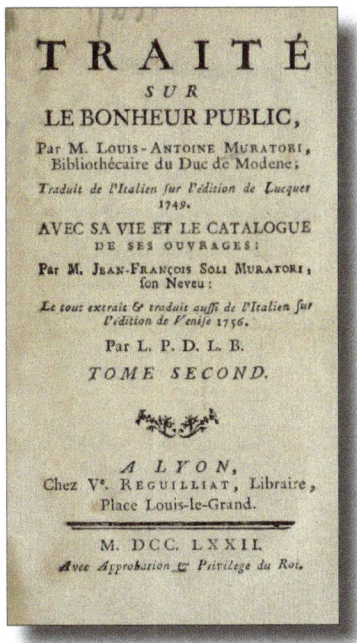

Man ist so eingenommen für die Art und Weise zu leben, zu denken und zu regieren, in welcher man erzogen wurde, dass man nicht glaubt, seinen Nachfahren etwas Besseres hinterlassen zu können; so dass die einen es überhaupt nicht schätzen, wenn man von den öffentlichen Übeln erfährt, auf die es so wichtig wäre zu verzichten, und die anderen es nicht dulden, dass man sich bildet in all dem, was man verbessern könnte, trotz aller Vorteile, die daraus resultieren würden, wenn man

---

i   https://archive.org/details/traitsurlebonh02mura

sie annähme. In diesen letzten Zeiten sehe ich keine andere Quelle dafür als dass die Welt im größten Teil Europas viel zivilisierter ist als jemals zuvor und dass Gott uns gute Prinzen, die nur gute Intentionen verfolgen, gegeben hat […].

Was wahr ist, ist, dass es kein zivilisiertes Land in Europa gibt, in dem nicht die Justiz herrscht, weil es keins gibt, in dem nicht Richter oder Magistrate eingesetzt worden sind, um sie auszuüben und dass es in ganz Europa keinen Prinzen gibt, der nicht verlangt, dass seine Minister diese Aufgabe treu erfüllen.

Ludovico Antonio Muratori,
Abhandlung über das öffentliche Glück (1749).

Rechtefreier Originaltext (Edition von 1749) unter:
https://archive.org/details/bub_gb_3SRnd5k3HHsC

41. Annäherung der Europäer

Im abschließenden Kapitel seines Werkes Paris, das Muster aller Nationen oder das französische Europa *(1777) hebt Louis-Antoine Caraccioli die Vorteile hervor, die sich aus der Tatsache ergeben, dass die europäischen Völker näher zusammengerückt sind. Er schreibt dies dem Ausbau des Handels zwischen den einzelnen Nationen zu. So finden auch die Ideen der Aufklärung, wie z.B. die der Toleranz eine größere Verbreitung. Mit einer gewissen Befriedigung stellt er die Vorbildrolle des französischen Geschmacks heraus, die sich überall in Europa spüren ließe.*

Oh! Ich hole Atem. Europa ist der angenehmste Aufenthalt von der ganzen Welt. Ich sehe da nicht mehr jene Dornhecken, jene öde Stücke Landes, jene Moraste, jene Tiefen, welche das Auge beleidigten und den Reisenden verzweifeln machten. Die reichsten Felder, die angenehmsten Luftstücke, das schönste Perspektiv, die besten Landstraßen; seht das, was ich wahrnehme, und Frankreich ist es, so mehr als kein anderes Land zu dieser glücklichen Verwandlung beigetragen hat. Und was hat man zu einem solchen Fortgange angewendet? Große und kleine Mittel, wie ich es bemerkt habe. Dem Anscheinen nach geringe Dinge bringen oft die größte Hilfe.

Nichts vorteilhafter, als dass man vermittels der Landstraßen und Posten den unermesslichen Zwischenraum überwunden hat, welcher die Europäer voneinander absonderte. Es scheint, es sei keiner mehr zwischen ihnen. Paris stößt an Petersburg, Rom an Konstantinopel und dies ist nur eine und eben dieselbe Familie, welche unterschiedene Landschaften bewohnt. Ich rufe Polen, Schweden, Dänemark zu, ich bitte sie, mir die Hand zu geben, und schon begrüßen, umfangen wir einander und gehen als Brüder miteinander um. Es ist eben der Geist, eben die Seele, welche uns belebt.

Ich treffe jenes fantastische Wesen nicht mehr an, welches die Sprache der Religion führte, um Volk gegen Volk zu empören und Streitigkeiten und Zwiespalte zu verewigen; ich höre nicht mehr das kriegerische Geschrei, welches Hass und Rache erweckte; wenn man noch sich selbst entleibt, so geschieht es zum wenigsten ohne Erbitterung.

Die Art zu studieren ist fast gleichförmig; die spanischen Schulen sind den deutschen gleich. Man bildet da eben die Schüler, man lernt da auf gleiche Weise das Falsche und das Wahre voneinander unterscheiden, nur als eine Meinung das anzusehen, was kein Stück des Glaubens ist. Der Aberglaube verbirgt sich, und die Religion zeiget sich; sie, welche nur das fürchtet, unbekannt zu sein.

Wenn ich die Gesellschaft genau betrachte, finde ich sie bei allen Europäern bis auf einige Schattierungen gleich. Die Annehmlichkeit macht den Grund davon, und das Vergnügen den Firniss. Man spielt gleiche Spiele, man hält gleiche Gespräche, man hat gleiche Ideen, man hat gleiche Meinungen. Das Frauenzimmer wird zu Neapel wie zu Paris, zu London wie zu Madrid unterwiesen; und sie machen das Vergnügen der Gesellschaften. Der aufgeweckte Streit, welcher mit einem Worte spielt, fängt an, nicht mehr angehöret zu werden. Der Italiener allein behält seine *concetti*, und er wird sie behalten, weil er sich an seine Sprache hält, in welche er billig verliebt ist.

Man sucht aller Orte ein solches Werk, welches das Gepräge von der Niedlichkeit und dem Genie hat, und man wünscht durchgängig, dass es französisch geschrieben sei; es ist die einzige Sprache, welche man gern redet, und die einzige werden würde, wenn man den größten Teil der Europäer um Rat fragte.

Es gibt keine Moden mehr als nur die, welche französisch sind. Der Engländer hat alle Mühe von der Welt, die seinige zu behaupten, welche er nur aus Eitelkeit erhält.

Man kleidet sich zu Wien wie zu Paris, man setzt sich zu Dresden die Haare auf, wie zu Lyon. Die meisten Europäerinnen wandten vor diesem den ganzen Morgen an, sich den übrigen Tag lächerlich zu machen. Es war eine Vermischung des gotischen mit dem jetzigen, ein sich nicht zusammenreimendes Farbenwerk, welches dem Alter und Gesicht widersprach. Dermalen beherrschet der Geschmack alle Nachttische; und dieser Geschmack ist der von Paris.

Die französische Höflichkeit hat seine widerspenstige Nation gefunden, als sie bei den unterschiedenen Nationen ist eingeführt worden. Es ist niemand, der nicht eine ungezwungene Art und die Wohlanständigkeit liebt.

Europa ist dermaßen ein Gemälde, davon alle Teile vortrefflich verbunden sind; das Auge wird da einen Zusammenhang gewahr, welcher ihm schmeichelt, eine Ordnung, welche es vergnügt; daraus ich schließe, dass man denn Reizungen des Vergnügens und des Einschleichens nicht widerstehen kann, je mehr wird die französische

Artigkeit herrschen, jene Artigkeit, welche den ernsthaften Dingen Annehmlichkeit wie den geringsten Vorteil schaffet.

Louis-Antoine Caraccioli,
Paris, das Muster aller Nationen oder das französische Europa (1777).

Galerie der Moden, „Junges Mädchen förmlich gekleidet mit dem Siegeshut" (1778), gezeichnet von Claude-Louis Desrais, graviert von Voysant.[i]

Rechtefreier Originaltext (Edition von 1777):
http://gallica.bnf.fr/ark:/12148/bpt6k1156961

 **Rechtefreie Audioversion des Originaltextes unter:**
http://gallica.bnf.fr/ark:/12148/bpt6k1156961/f3.vocal

i   https://commons.wikimedia.org/wiki/File:1778-jeune-dame-de-qualite-en-grande-robe.jpg

42. Italien als Wiege der europäischen Kultur

Corinne, Protagonistin des gleichnamigen Romans der Germaine de Staël (1766-1817)[i] personifiziert den Geist der kreativen Frau. Ihre fiktiven Personen erlauben es der Autorin, die unterschiedlichen europäischen Nationalcharaktäre nachzuzeichnen. An dieser Stelle hebt der Prinz Castel-Forte in seiner Rede, die er zu Ehren der Dichterkrönung Corinnas auf dem Kapitol hält, die italienischen Ursprünge der modernen Zivilisation hervor. Corinna wird hier zu einer quasi allegorischen Gestalt, die die Wiege der europäischen Kultur darstellt.

„Ich schmeichle mir nicht", schloss Fürst Castel-Forte, „dass es mir gelungen, eine Persönlichkeit zu zeichnen, von der man unmöglich eine Vorstellung haben kann, wenn man sie nicht hörte; aber ihre Gegenwart ist für uns Römer, gleich einer der Wohltaten unseres glänzenden Himmels, unserer freigebigen Natur. Corinna ist das Band ihrer Freunde untereinander, sie ist die Triebkraft, die Seele unseres Lebens; wir rechnen auf ihre Güte, wir sind stolz auf ihren Genius und sagen zu den Fremden: Schaut auf Sie! Sie ist das Bild unseres schönen Italiens; sie ist das, was wir sein würden ohne die Unwissenheit, den Neid, die Uneinigkeit und Schlaffheit, zu welchen unser Schicksal uns verurteilt hat. Wir betrachten sie gern, als ein wunderbares Kind unseres Klimas, unserer Künste, als einen Nachkommen der Vergangenheit, als eine Weissagung der Zukunft. Und wenn die Fremden dieses Land schmähen, von dem das Licht ausging, das ganz Europa erleuchtete; wenn sie ohne Erbarmen für unsere Irrtümer sind, die aus unserem Unglück entsprangen, rufen wir ihnen zu: „Schaut auf Corinna!"

Germaine de Staël, *Corinna oder Italien* (1807).

---

i   https://upload.wikimedia.org/wikipedia/commons/3/33/Madame_de_Staël_en_
     Corinne_1807.jpg

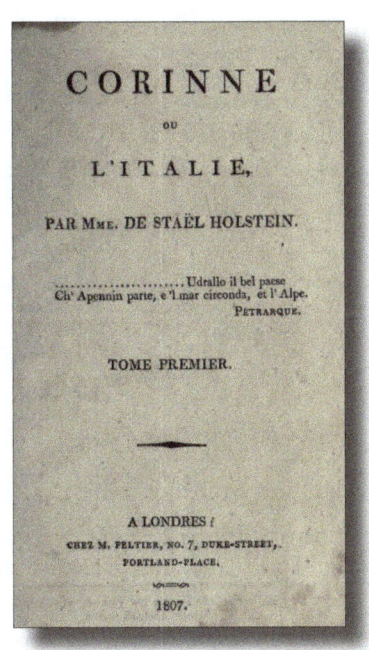

Rechtefreier deutscher Text (Edition von 1868) unter:
https://books.google.de/books?id=dBCVjutsZjAC&printsec=frontcover

Rechtefreier Originaltext unter:
https://www.archive.org/stream/corinneoulitalie01stauoft

43. Europa und die französische Mode

Zwischen 1750 und 1758 unternimmt die aus der Normandie stammende Schriftstellerin, Übersetzerin und Salonnière Anne-Marie Fiquet du Boccage (1710-1802)[i] Reisen nach England, Holland und Italien. Ihre Reisebriefe veröffentlicht sie nach ihrer Rückkehr aus Italien. Es handelt sich hierbei um eines der wenigen Dokumente dieses Genres, das von einer Frau verfasst wurde. Sie beschreibt darin die gesellschaftlichen Netzwerke Europas und deren Gepflogenheiten.

Ihre morgendliche Kleidung [der Engländerinnen] hebt die Schönheit besser hervor als ihre Kleidung *à la française*, die für abendliche Versammlungen, den Hof und für Theaterbesuche vorgesehen ist. Ich weiß nicht, warum ganz Europa so gütig ist, unsere Moden zu übernehmen, mit denen man, selbst in unseren Provinzen, nur Scherereien hat; im Ausland kommt sie noch später an und niemals so, wie man sie in Paris getragen hat. Jedes Land hat seine Sprache, seine Sitten und seine Ideen und sollte seine Art haben, sich zu kleiden, die immer angemessener ist als eine geliehene Kleidung. Aber man begegnet hier zahlreichen Menschen, deren Pracht, Art und Verdienst von internationaler Herkunft zeugt.

Im Großen und Ganzen sind die Engländer, so groß ihr Luxus auch sein mag, noch 100 Jahre hinter unserem, den sie imitieren und der ganz Europa ins Verderben stürzt.

Marie-Anne du Boccage, *Briefe über England, Holland und Italien* (1771).

Rechtefreier Originaltext (Edition von 1770) unter:
http://gallica.bnf.fr/ark:/12148/bpt6k107281v

 **Rechtefreie Audioversion des Originaltextes unter:**
http://gallica.bnf.fr/ark:/12148/bpt6k107281v/f2.vocal

---

i   https://commons.wikimedia.org/wiki/File:Anne-Marie_Du_Boccage.jpg

44. Europa zwischen Niedergang und Erneuerung

Friedrich Schlegel (1772-1829),[i] deutscher Schriftsteller, Übersetzer, Literaturkritiker und Historiker gehört zu den bedeutendsten Repräsentanten der deutschen Romantik. Seine Rolle als Mittler zwischen der deutschen und der französischen Kultur kommt in seinem Werk Französische Reise *zum Ausdruck, das er in der Zeitschrift veröffentlichte, die er während seines Aufenthaltes in Frankreich herausgab. Er analysiert darin die Unterschiede zwischen den beiden Ländern sowie die politische Situation Europas unter Napoleon.*

Aber ist denn Europa nun ein so ganz von der Natur hintangesetzter, vernachlässigter und durchaus armseliger Weltteil, wie etwa z. B. Amerika nach der Meinung einiger philosophischen Geographen sein mag? Nein, gewiss nicht; und kein Historiker, kein Physiker würde einer solchen Meinung beistimmen wollen.

In der gänzlichen Verderbtheit Europas selbst sind die Keime der höheren Bestimmung sichtbar. […]

Was ehedem Großes und Schönes war, ist so ganz zerstört, dass ich nicht weiß, wie man in diesem Sinne auch nur behaupten könnte, dass Europa als ein Ganzes noch vorhanden sei, es sind vielmehr nur noch die zurückgebliebenen Resultate, wohin jene Tendenz der Trennung endlich notwendig führen musste. Sie kann als vollendet angesehen werden, da sie bis zur Selbstvernichtung gekommen ist. Es wäre also wenigstens Raum da für etwas Neues, und eben weil alles zertrümmert ist, so findet man Stoff und Mittel zu allem, und an dem Mut eine neue Welt aus der Zerstörung aufzubauen und zu gründen, kann es uns auch nicht fehlen […].

Lasst uns den Blick auf den vorigen Gegenstand zurückwenden und noch etwas erweitern. Wenn diejenigen Teile der Erde, die wir sehr bedeutend den Orient und den Norden nennen, die sichtbaren Pole des guten Prinzips auf derselben bezeichnen, wogegen alles andere nur als leerer Raum, ungebildeter und roher Stoff, bestimmte Schwäche und Unfähigkeit oder gar als entgegenstrebendes Hindernis erscheint; so ist

---

i   https://www.flickr.com/photos/ubleipzig/16420319784

der Punkt, auf den es eigentlich ankommt, der, beide zu verbinden, und das dürfte kaum anderswo möglich sein als in diesem dem Anschein nach nicht sehr begünstigten Erdteile; und in diesem Sinn könnte man wohl sagen: Das eigentliche Europa muss erst noch entstehen.

Friedrich Schlegel,
„Reise nach Frankreich" in *Europa. Eine Zeitschrift* (1803).

Allegorische Darstellung des Vertrags von Paris im Jahre 1763. Gezeichnet von Monnet, graviert von J.-B. Tilliard. Im Zentrum: die wichtigsten Länder in der Gestalt alter Götter. Titel: *Die Rückkehr des Friedens nach Europa im Jahre 1763.* In Paris veröffentlicht am 21. Juni desselben Jahres.[ii]

Rechtefreier Originaltext (Edition von 1803) unter:
http://www.ub.uni-bielefeld.de/diglib/aufkl/europa/europa.htm

[ii] https://commons.wikimedia.org/wiki/File:Gravure_allégorique_sur_le_traite_de_paix_de_1763.jpg

45. Sprachlicher Reichtum Europas

In seinem Traktat vom ewigen Frieden *diskutiert Saint-Pierre die Frage nach der sprachlichen Vielfalt in Europa und der Probleme, die daraus erwachsen. Dabei hebt er die Bedeutung der Übersetzer als Mittler zwischen den Kulturen hervor.*

Man hat zwei Einwände gegen meine Ideen hervorgebracht. Erstens, dass man in den deutschen Landen nur eine Sprache spricht, während man in Europa derer viele spricht. Darauf antworte ich: Wenn Abkommen nur zwischen Herrschern geschlossen würden, die sowie ihre Untertanen die gleiche Sprache sprechen, würden nie welche geschlossen. Und doch geschieht dies täglich. Wie kann dies geschehen? Weil man nur über Abgesandte verhandelt und es ausreichend ist, wenn die Abgesandten der Herrscher eine gemeinsame Sprache mit den Abgesandten sprechen, mit denen sie verhandeln. Oft wird auch mit Hilfe von Übersetzern verhandelt, ohne dass die Abgesandten die Sprache des anderen sprechen.

Charles-Irénée Castel de Saint-Pierre,
Der Traktat vom ewigen Frieden (1713).

46. Das spirituelle Erwachen

Der deutsche Romantiker Novalis— Pseudonym für Georg Philipp Friedrich von Hardenberg—(1772-1801)[i] verfasste 1799 ein langes Fragment, das zu seinen Lebzeiten unveröffentlicht blieb, in dem er als Konsequenz der Kriege, die in Europa wüten, den Triumph des Christentums voraussieht.

Nun wollen wir uns zu dem politischen Schauspiel unserer Zeit wenden. Alte und neue Welt sind im Kampf begriffen, die Mangelhaftigkeit und Bedürftigkeit der bisherigen Staatseinrichtungen sind in furchtbaren Phänomenen offenbar geworden. Wie wenn auch hier, wie in den Wissenschaften, eine nähere und mannigfaltigere Connection und Berührung der europäischen Staaten zunächst der historische Zweck des Krieges wäre, wenn eine neue Regung des bisher schlummernden Europa ins Spiel käme, wenn Europa wieder erwachen wollte, wenn ein Staat der Staaten, eine politische Wissenschaftslehre uns bevorstände! Sollte etwa die Hierarchie diese symmetrische Grundfigur der Staaten, das Prinzip des Staatenvereins als intellektuale Anschauung des politischen Ichs sein? Es ist unmöglich, dass weltliche Kräfte sich selbst ins Gleichgewicht setzen, ein drittes Element, das weltlich und überirdisch zugleich ist, kann allein diese Aufgabe lösen. Unter den streitenden Mächten kann kein Friede geschlossen werden, aller Friede ist nur Illusion, nur Waffenstillstand; auf dem Standpunkt der Kabinetter, des gemeinen Bewusstseins ist keine Vereinigung denkbar. Beide Teile haben große, notwendige Ansprüche und müssen sie machen, getrieben vom Geiste der Welt und der Menschheit. Beide sind unvertilgbare Mächte der Menschenbrust; hier die Andacht zum Altertum, die Anhänglichkeit an die geschichtliche Verfassung, die Liebe zu den Denkmalen der Altväter und der alten glorreichen Staatsfamilie, und

---

i   https://commons.wikimedia.org/wiki/File:Novalis-1.jpg

Freude des Gehorsams; dort das entzückende Gefühl der Freiheit, die unbedingte Erwartung mächtiger Wirkungskreise, die Lust am Neuen und Jungen, die zwanglose Berührung mit allen Staatsgenossen, der Stolz auf menschliche Allgemeingültigkeit, die Freude am persönlichen Recht und am Eigentum des Ganzen, und das kraftvolle Bürgergefühl. Keiner hoffe, die Andere zu vernichten, alle Eroberungen wollen hier nichts sagen, denn die innerste Hauptstadt jedes Reichs liegt nicht hinter Erdwällen und lässt sich nicht erstürmen.

Wer weiß, ob des Kriegs genug ist, aber er wird nie aufhören, wenn man nicht den Palmenzweig ergreift, den allein eine geistliche Macht darreichen kann. Es wird so lange Blut über Europa strömen, bis die Nationen ihren fürchterlichen Wahnsinn gewahr werden, der sie im Kreise herumtreibt und von heiliger Musik getroffen und besänftigt zu ehemaligen Altären in bunter Vermischung treten, Werke des Friedens vornehmen, und ein großes Liebesmahl, als Friedensfest, auf den rauchenden Wahlstätten mit heißen Tränen gefeiert wird. Nur die Religion kann Europa wieder aufwecken und die Völker sichern und die Christenheit mit neuer Herrlichkeit sichtbar auf Erden in ihr altes friedenstiftendes Amt installieren.

Novalis, Die Christenheit oder Europa (1799).

Rechtefreier Originaltext (Edition von 1799) unter:
http://www.zeno.org/Literatur/M/Novalis/Essay/
Die+Christenheit+oder+Europa

47. Das Café: ein Ort des gesellschaftlichen Lebens in Europa

Für Louis-Antoine Caraccioli (Paris. Das Muster aller Nationen oder das französische Europa, 1777), scheint das Café im 18. Jahrhundert in allen großen Städten zum Ort der europäischen Geselligkeit par excellence geworden zu sein.

Von den Kaffeehäusern

Wer hätte sich vor zweihundert Jahren eingebildet, dass eine kleine Bohne, welche aus Arabien herkam, in Europa eine Menge ebenso angenehmer als Häuser hervorbringen werde, wo sich die Bürger versammeln, die Fremden sich mit Gesprächen unterhalten, wo man mit unschuldigen Spielen den Verdruss und die Langeweile vertreiben würde.

Rom, Paris, London genießt täglich den Wert einer solchen Einführung. Man sieht zu Venedig sogar die vornehmen Frauen die Kaffeehäuser besuchen, und durch ihr Beispiel (welchem bisweilen könnte nachgefolgt werden) beweisen, wie viel Vergnügen und allen ehrlichen Leuten offener Ort in sich hat.

Den Kaffeehäusern hat man eine Menge vertraulicher Freundschaften zu danken, welche von den Reisenden sind geschlossen worden. In einer jeden Stadt sind sie das Zeichen der Wiedervereinigung; und viele wüssten nicht ihre Zeit hinzubringen, wenn sie nicht da wären. Das *Dictionnaire encyclopedique*[i] nennt sie sowohl gute als schlimme Werkhäuser des Streites, und man muss bekennen, dass sie oft für die Autoren Orte zum Fechten gewesen sind. Man erinnert sich noch immer, wie sehr die Kaffeehäuser waren besucht worden, welche zu Paris in der Nachbarschaft der französischen Komödie gelegen sind, als gewisse

---

i   Die *Enzyklopädie* von Diderot und d'Alembert, als Bestseller der Aufklärung, enthält einen kurzen anonymen Artikel über 'Cafés', der diese als Resultat des Kaffeekonsums beschreibt. 'Alle Arten von Getränken werden dort konsumiert, sowie geistreiche Gespräche getätigt, gute wie schlechte.'

Schriftsteller nach der Mode von der Staatskunst, von der Wissenschaft in allerlei Sachen der Gelehrten und von der Weltweisheit da Schule hielten.

Es gibt noch immer von dieser Gattung, wo der Ausländer neue Zeitungen, sowohl falsche als wahre, auszustreuen und die guten Komödien von den Schlimmen zu unterscheiden erlernt, sofern anders ein heimliches Verständnis sich nicht einmischt.

Überdies, da die Kaffeehäuser der Sammelplatz der jungen Leute sind, welche den vorzüglichen Moden nachgehen, ist man versichert, da neue Frisuren, die neuen Haarlocken, die neuen Zeuge zu sehen.

Eine gleiche Beschaffenheit hat es mit den Kaffeehäusern der anderen Nationen. Der Franzose, welcher reist, vorwitzig gesehen und gesehen zu werden, unterlässt nicht, sich da einzufinden, und in einem Augenblicke lehrt er all die, welche sich da befinden, die Art der Halsbinde zuzuknüpfen, die Haare abzuteilen, einen Frack zuzuknöpfen. Man sieht ihn mit unverrückten Augen an, so artig und schön scheint er, da indessen ihm alle zuhören, welche ihn umgeben.

Wenn er die Landessprache nicht kann, redet er die seinige. Ein jeder sagt bei sich, es sei in der Tat an ihm viel gelegen, und nimmt sich vor, ihn nachzuahmen. Denselben Tag noch werden die Schneider berufen, um die Form seines Kleides genau nachzuahmen.

Die Väter ihrer alten Gewohnheit ergeben, sehen diesen Schritt als einen Eingriff in ihre Gebräuche an; sie murren, sie werden zornig: aber ihre Söhne sind schon nach der neuen Mode gekleidet, und dies ist ein Strom, welchen man nicht zurückhalten kann.

Auf diese Weise nimmt man ihn in den Kaffeehäusern sowohl zu München als zu Berlin, zu Lüttich wie zu Rotterdam, allein auf das Beschauen eines Franzosen seine Art zu sitzen, und sich zu stellen an sich.

Die Kaffeehäuser, da sie der gewöhnliche Wohnsitz der jungen Leute, so geschieht es alle Zeit durch sie, dass die Zierlichkeit der Mode eingeführt wird, weil sie die besondere Gabe sich der Neuigkeiten zu bemächtigen. Man hat ein Gefallen zu sehen, dass sie die Flagge der Veränderung ausstecken.

Ehemals blieben die Europäer in ihren Häusern verschlossen: Dermalen gehen sie hervor und lieben den Umgang. Wenn es noch gewisse stolze Nationen gibt, welche fürchten, ihre Ehre zu wagen,

wenn sie auf dem Kaffeehause erscheinen, so mussten Fürsten selbst
sie lehren, dass man von dem feinen Ansehen nichts verliert, wenn man
sich da sehen lässt. Mehr als einmal, da sie reisten, erschienen sie da
inkognito, obschon sie jedermann kannte. Dieses verhindert nicht, dass
nicht ein Kaffeehaus ein elender Ort sei für alle die, welche zu wachsen
ihre Tage zubringen; und leider sind die gar zu müßig, welche diese
Lebensart ergreifen. Morgens zehn Uhr finden sie sich da ein, und
erwarten mit Ungeduld den Augenblick zu Mittag zu essen, und um
drei Uhr nachmittags gehen sie wieder dahin, in der Hoffnung, eine
gute Abendmahlzeit zu halten.

Louis-Antoine Caraccioli,
Paris, das Muster aller Nationen oder das französische Europa (1777).

Rechtefreier Originaltext (Edition von 1777) unter:
http://gallica.bnf.fr/ark:/12148/bpt6k1156961

🔊 **Rechtefreie Audioversion des Originaltextes unter:**
http://gallica.bnf.fr/ark:/12148/bpt6k1156961/f3.vocal

48. Das Glück in Europa

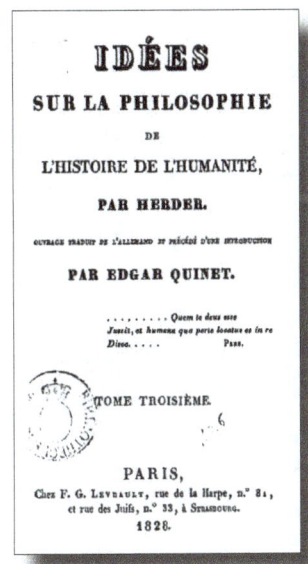

Johann Gottfried Herder diskutiert hier die Bedeutung und die Konsequenzen des Eurozentzrismus.[i] Er warnt vor der Kurzsichtigkeit, mit der die Europäer sich den anderen Bewohnern der Welt überlegen fühlen und gibt zu bedenken, dass das Glück für alle Menschen gleichermaßen erreichbar sein müsse.

Unsinnig stolz wäre die Anmaßung, dass die Bewohner aller Weltteile Europäer sein müssten; um glücklich zu leben; denn wären wir selbst, was wir sind, außer Europa geworden? [...]

Der Unterschied zwischen aufgeklärten und unaufgeklärten, zwischen kultivierten und unkultivierten Völkern ist also nicht spezifisch; sondern nur gradweise. Das Gemälde der Nationen hat hier unendliche Schattierungen, die mit den Räumen und Zeiten wechseln; es kommt also auch bei ihm wie bei jedem Gemälde, auf den Standpunkt an, in dem man die Gestalten wahrnimmt. Legen wir den Begriff der Europäischen Kultur zum Grunde; so findet sich diese allerdings nur in Europa; setzen wir gar noch willkürliche Unterschiede zwischen Kultur und Aufklärung fest, deren keine doch, wenn sie rechter Art ist, ohne die andre sein kann: So entfernen wir uns noch weiter ins Land der Wolken. Bleiben wir aber auf der Erde und sehen im allgemeinsten Umfange das an, was uns die Natur, die den Zweck und Charakter ihres Geschöpfs am besten kennen musste, als menschliche Bildung selbst vor Augen legt, so ist diese keine andre als die Tradition einer Erziehung zu irgendeiner Form

---

i   http://gallica.bnf.fr/ark:/12148/bpt6k68507x

menschlicher Glückseligkeit und Lebensweise. Diese ist allgemein wie das Menschengeschlecht [...].

Eitel ist also der Ruhm so manches europäischen Pöbels, wenn er in dem, was Aufklärung, Kunst und Wissenschaft heißt, sich über alle drei Weltteile setzt. [...]

Johann Gottfried Herder,
Ideen zur Philosophie der Geschichte der Menschheit (1784-1791).

Rechtefreier Originaltext (Edition von 1786) unter:
https://books.google.co.uk/books?id=GegOAAAAQAAJ
&printsec=frontcover

49. Die Ursprünge der europäischen Einigung

In ihrem Werk Über Deutschland *(1813)[i] zitiert Germaine de Staël August Wilhelm Schlegel, dem sie nahe stand, wenn er vom Mittelalter als einem Zeitalter der Einheit und des Fortschritts in Europa spricht.*

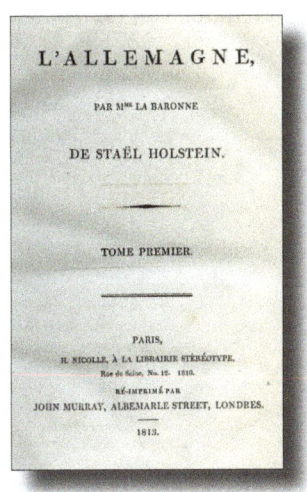

Eins war Europa in den großen Zeiten,
ein Vaterland, dessen Bodens sehr entsprossen,
was Edle kann in Tod und Leben leisten.
Ein Rittertum schuf Kämpfer zu genossen,
Für einen Glauben wollten alle streiten,
Die Herzen waren einer Lieb' erschlossen;
Da war auch eine Poesie erklungen,
In einem Sinn, nur in verschiedenen Zungen!
Nun ist der Vorzeit hohe Kraft zerronnen,
Man wagt es, sie der Barbarei zu zeihen.
Sie haben enge Weisheit sich ersonnen:
Was Ohnmacht nicht begreift, sind Träumereien.
Doch, mit unheiligem Gemüt begonnen,

---

i   https://commons.wikimedia.org/wiki/File:Germaine_de_Staël_-_De_l'Allemagne.jpg

Will nichts, was göttlich ist von Art, gedeihen.
Ach, diese Zeit hat Glauben nicht, noch Liebe:
Wo wäre denn die Hoffnung, die ihr bliebe?

Germaine de Staël, *Deutschland* (1813).

50. Die europäische Vielfalt aus dem fremden Blick

Nach dem Modell der Persischen Briefe von Montesquieu, erfindet der Spanier José Cadalso (1741-1782)[i] marokkanische Reisende in Spanien, die in Briefen über das berichten, was sie in Europa entdecken. Die zeitgenössischen Leser entdecken so über die Perspektive des fremden Blicks ihre Kultur neu und erfahren kulturelle Relativität.

Brief I

Gazel an Ben-Beley

Ich konnte nach der Rückkehr unseres Botschafters in Spanien bleiben, ganz wie ich es seit langem gewünscht und Dir viele Male während seines Aufenthaltes in Madrid geschrieben habe. Mein Ziel war die Nützlichkeit meiner Reise gewesen, ein Ziel, das oft schwer zu erreichen ist, wenn man der Gefolgschaft großer Herren angehört, besonders, wenn diese aus Asien oder Afrika stammen. Diese sehen sozusagen nur die Oberfläche des Landes, das sie durchqueren; ihren Überfluss, ihre Hochnäsigkeit, ihre Unkenntnis der Dinge, die es zu entdecken gäbe, die Anzahl ihrer Dienstboten, die Unkenntnis der Sprachen, das Misstrauen, das sie bei den Bewohnern der Länder, die sie bereisen, hervorrufen und viele weitere Umstände nehmen ihnen viele Möglichkeiten, die weniger auffällige Reisende haben.

Ich bin jetzt gekleidet wie die Christen, eingeführt in viele ihrer Häuser. Ich spreche ihre Sprache und bin enger Freund eines Christen, des Nuño Núñez, geworden, der vielerlei Schicksalsschläge und Lehren im Laufe seines Lebens erlitten hat. Er hält sich nunmehr abseits der Gesellschaft, auf sich selbst konzentriert, wie er sagt. Die Stunden, die ich mit ihm verbringe, sind für mich eine Freude, da er sich müht, mir all die Dinge zu erklären, zu denen ich ihn befrage. Er tut dies auf so ehrliche Art und Weise, dass er mir manchmal antwortet: „Darüber weiß

---

i   https://commons.wikimedia.org/wiki/File:Josecadalso.jpg

ich nichts!", und andere Male: „Darüber möchte ich nichts wissen!".
Auf diese Art und Weise möchte ich nicht nur den Hof, sondern alle
Provinzen der Halbinsel untersuchen. Ich werde die Gewohnheiten
dieses Volkes studieren und dabei zwischen denen unterscheiden, die
sie mit anderen Ländern Europas teilen und denen, die ihnen eigen
sind. Ich werde versuchen, mich von den zahlreichen Vorurteilen zu
distanzieren, die wir, die Mauren, gegenüber den Christen haben und
gegen die Spanier im Besonderen. Ich werde alles, was mich überrascht,
festhalten, um darüber mit Nuño zu sprechen und Dir dann mitzuteilen
sowie auch sein Urteil darüber. […]

Brief II

Derselbe an denselben

Ich bin nach wie vor nicht in der Lage, auf Dein erneuertes Drängen zu
antworten, um Dir die Beobachtungen mitzuteilen, die ich bei meinem
Aufenthalt in der Hauptstadt dieser großen Monarchie mache. Weißt
Du, wie vieler Dinge es bedarf, damit man in der Lage ist, sich ein
genaues Bild des Landes zu machen, das man bereist? Es stimmt schon,
dass ich dank meiner zahlreichen Reisen durch Europa eher dazu in
der Lage bin als andere Afrikaner oder, besser gesagt, treffe ich dabei
auf weniger Hindernisse. Gleichwohl habe ich so viele Unterschiede
zwischen den Europäern feststellen müssen, dass mir die Kenntnis einer
der Länder dieses Erdteils nicht hinreichend erscheint, die anderen
Staaten, die ihn bilden, zu beurteilen. Die Europäer scheinen keine
Nachbarn zu sein; ihre Küche, ihre Theater, ihre Straßen, ihre Armeen
und ihre Luxusgüter scheinen zwar ähnlich, aber ihre Rechtsprechung,
ihre Laster, ihre Tugenden und Regierungsformen sind hingegen so
unterschiedlich, dass die Gebräuche in allen Nationen andere sind. […]

José Cadalso, *Marokkanische Briefe* (1789).

51. Seefahrt und Handelsbeziehungen

In seiner Geschichte der Herrschaft Carls V. *(1769),[i] welche in ganz Europa viel gelesen wurde, zeichnet William Robertson (1721-1793), wichtiger Vertreter der schottischen Aufklärung, ein breites Panorama des „gesellschaftlichen Fortschritts in Europa, seit der Zerstörung des Römischen Reiches bis zum Beginn des 16. Jahrhunderts". An mehreren Stellen unterstreicht er dabei die Vorzüge der Kultur- sowie der Handelsbeziehungen.*

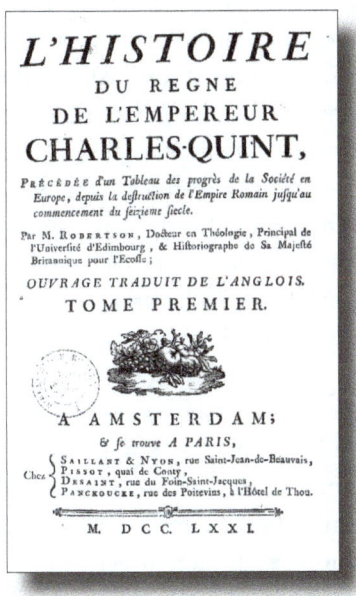

Der Anwuchs des Handels hatte einen großen Einfluss in der Verfeinerung der Sitten der europäischen Nationen und führte sie gleichfalls zur Ordnung, zu billigen Gesetzen und zur Menschlichkeit an. Der Bedürfnisse der Menschen sind, in ihrem ursprünglichen und ganz einfachen Stande der Gesellschaft, so wenig, und ihre Begierden sind so eingeschränkt, dass sie mit den natürlichen Früchten des Bodens, den sie bewohnen, und dem wenigen, was sie durch ihre eigene rohe Emsigkeit hinzutun können, sich begnügen lassen. Sie haben keinen

---

i   http://gallica.bnf.fr/ark:/12148/bpt6k1161024

Überfluss abzusetzen und wenig Notwendigkeiten, die aus fremden Gegenden ersetzt werden müssten. Eine jede kleine Gemeinheit lebt von ihrem eigenen häuslichen Vorrat, und da sie mit demselben zufrieden ist, so kennet sie entweder die herum liegenden Staaten nicht, oder sie lebt mit denselben im Streite. Gesellschaft und Sitten müssen erst merklich verbessert und für die öffentliche Ordnung und persönliche Sicherheit manche Anstalten gemacht werden, ehe und bevor zwischen verschiedenen Nationen ein redlicher Handel und Verkehr stattfinden kann. Eben daher finden wir auch, dass die erste Wirkung, welche die Niederlassung der barbarischen Nationen in dem Kaisertum hatte, darin bestand, dass sie die Völker trennte, welche die römische Macht miteinander verbunden hatte. Europa wurde in verschiedene abgesonderte Gemeinheiten zerstückt. Alle Unterhandlung zwischen diesen geteilten Staaten hörte einige Jahrhunderte hindurch fast gänzlich auf. Die Schifffahrt war auf Gewässern, die von Seeräubern durchkreuzt wurden, gefährlich: und Ausländer durften in den Meerhafen ungesitteter Völker eben keine freundliche Aufnahme erwarten. Selbst unter entfernteren Teilen eines und eben desselben Königreichs war eine Unterhandlung selten und schwer. Die gesetzlosen Räubereien der Banditen und die öffentlichen Erpressungen des Adels, die mehrenteils eben so schrecklich und unterdrückend waren, machten eine Reise von einiger Länge zu einer sehr gefährlichen Unternehmung. Der größere Teil der europäischen Einwohner verlor, gleichsam angeheftet auf dem Flecken, welchen er bewohnte, fast gänzlich die Kenntnis entfernterer Gegenden, und war mit ihrem Namen, mit ihrer Lage, mit ihrem Klima, und ihren Vorteilen und Produkten unbekannt.

Verschiedene Ursachen trugen dazu bei, dass der Geist der Handlung wieder belebt, und einigermaßen die Bekanntschaft und der Umgang zwischen verschiedenen Nationen erneuert wurde. Die Italiener brachten durch ihre Verbindung mit Konstantinopel und andern Städten des griechischen Kaisertums in ihr eigenes Land einigen Geschmack an den kostbaren Waren, und schönen Manufakturen des Morgenlandes. Sie teilten einige Kenntnis derselben den Ländern mit, die nahe an Italien stoßen. Inzwischen war dieser Handel sehr eingeschränkt, und der Verkehr, den er zwischen verschiedenen Nationen hervorbrachte, nicht sonderlich beträchtlich. Die Kreuzzüge, die aus allen Gegenden von Europa eine Menge Völker nach Asien führten, öffneten eine ausgedehntere Gemeinschaft zwischen Osten und Westen, die ungefähr zweihundert Jahre dauerte; und obgleich Eroberungen, und nicht der Handel, ein Gegenstand dieser Feldzüge waren; ob sie gleich endlich eben so unglücklich abliefen, als die Ursachen ihrer Unternehmungen töricht und schwärmerisch gewesen, so waren doch, wie bereits oben bemerkt ist, ihre Wirkungen, was den Handel betraf, wohltätig sowohl, als dauerhaft. Während der Fortsetzung der heiligen Kriege erwarben sich die großen Städte Italiens und andrer Länder in Europa die Freiheit und mit derselben solche Vorrechte, die sie zu ansehnlichen und unabhängigen Gemeinheiten machten. Also wurde in einem jeden Staate ein neuer Orden von Bürgern gebildet, denen sich der Handel als ihr eigentlicher Gegenstand, wies und denen er einen gewissen Weg zum Reichtum und zur Würde bahnte. Kurz nach den Kreuzzügen wurde die Magnetnadel und der Seekompass erfunden, der dadurch, dass er die Seefahrten sicherer und kühner machte, die Bekanntschaft unter entfernten Nationen erleichterte und eine der andern näher brachte. [...]

William Robertson, *Geschichte der Regierung Kaiser Carls V.* (1769).

Rechtefreier deutscher Text (Edition von 1778) unter:
https://books.google.de/books?id=jL5eAAAAcAAJ&printsec=frontcover

Rechtefreier Originaltext (Edition von 1826) unter:
https://books.google.de/books?id=0594-CKnvO4C&pg=RA1-PA31

52. Europa und seine lange Migrationsgeschichte

In seiner Abhandlung mit dem Titel Ideen zur Philosophie der Geschichte der Menschheit *(1784-1791) beschreibt Johann Gottfried Herder die Geschichte des Kontinents als einen langanhaltenden Wanderungsprozess der Völker.*

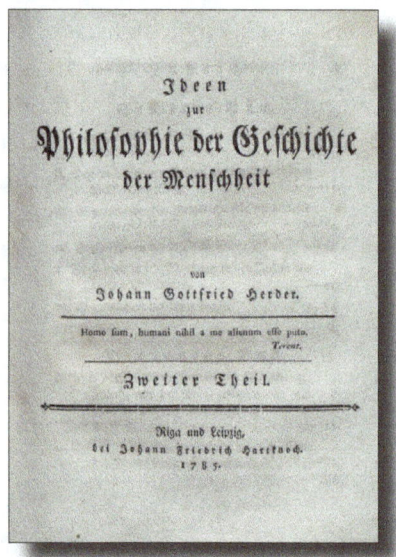

Frontispiz von Johann Gottfried Herder, *Ideen zur Philosophie der Geschichte der Menschheit* (Riga, 1785).[i]

Durch welches alles dann, weil die lange Völkerwanderung zu Lande dazu kam, endlich in diesem kleinen Weltteil die Anlage zu einem großen Nationenverein gemacht ist, zu dem ohne ihr Wissen schon die Römer durch ihre Eroberungen vorgearbeitet hatten, und der schwerlich anderswo als hier zu Stande kommen konnte. In keinem Weltteil haben sich die Völker so vermischt wie in Europa; in keinem haben sie so stark und oft ihre Wohnplätze und mit denselben ihre Lebensart und Sitten verändert. In vielen Ländern würde es jetzt den Einwohnern, zumal

---

i   http://www.deutschestextarchiv.de/book/show/herder_geschichte02_1785

einzelnen Familien und Menschen schwer sein, zu sagen, welches Geschlechtes und Volkes sie sind, ob sie von Goten, Mauren, Juden, Karthagern, Römern, ob sie von Galen, Kymren, Burgundern, Franken, Normannen, Sachsen, Slaven, Finnen, Illyriern herstammen und wie sich in der Reihe ihrer Vorfahren das Blut gemischt habe. Durch hundert Ursachen hat sich im Verfolg der Jahrhunderte die alte Stammesbildung mehrerer Europäischen Nationen gemildert und verändert, ohne welche Verschmelzung der Allgemeingeist Europas schwerlich hätte erweckt werden mögen. [...]

Johann Gottfried Herder,
Ideen zur Philosophie der Geschichte der Menschheit (1784-1791).

Rechtefreier Originaltext (Edition von 1786) unter:
https://books.google.co.uk/books?id=GegOAAAAQAAJ
&printsec=frontcover

53. Einheit in der Vielfalt

Im Teil der Geschichte der Regierung Kaiser Carls des V. *schlägt Robertson (1721-1793)[i] eine „Tafel der wichtigsten Staaten Europas zu Beginn des XVI. Jahrhunderts" vor, die zu Beginn dazu einlädt, unsere Unterschiede hervorzuheben und dabei zu erkennen, was uns vereint.*

Zu eben der Zeit, da die Anstalten und Vorfälle, die ich erwähnt habe, die Völker von Europa einander ähnlich machten und von der Barbarei zur Verfeinerung auf einerlei Wegen und fast mit gleichen Schritten führten, waren gleichwohl andere Umstände, die in ihren politischen Einrichtungen einen Unterschied machten, und die besondern Regierungsformen hervorbrachten, die solche Mannigfaltigkeit in dem Charakter und Genie der Nationen gewürket haben.

William Robertson, Auszüge aus der Einleitung zur *Geschichte der Regierung Kaiser Carls des V.* (1769).

Rechtefreier Originaltext (Edition von 1826) unter:
https://books.google.de/books?id=0594-
CKnvO4C&lpg=RA1-PA31&dq=william robertson pirates
navigation&hl=fr&pg=RA1-PA44

---

i   https://commons.wikimedia.org/wiki/File:William_Robertson_(historian).jpg

54. Die politische Einheit Europas

Eine Möglichkeit, die Einheit Europas, trotz aller Unterschiede, hervorzuheben, ist es, die Einstimmigkeit zu unterstreichen, mit der sie auf glückliche und tragische Ereignisse reagiert. Man denke beispielsweise an die Reaktionen der Zeitgenossen auf das Erdbeben von Lissabon im Jahre 1755. Hier, im Jahre 1746, erdichtet Diego de Torres Villarroel (1693-1770) ein allegorisches Europa, wenn er den Tod des spanischen Königs Philippe V. besingt.

Sonett

Was geschieht? Clio weint sich die Haare zerzaust,
Traurig, ungeduldig und unbeugsam
Und ihr schönes hochrotes Antlitz
Ist von verhängnisvollen Zypressen gekrönt.
Europa die Prächtige, Schwärmerische,
Die Fröhliche, die Liebende und Blühende,
Anderes Jerusalem, trauriger,
Ruht allein, einsam und untröstlich.
Was geschieht? Traurige Luft, unheilbringende Sonne,
Und der Himmel von Durchsichtigkeit schwanger,
So plötzlich verdunkelt, so schnell blass.
Welch Unruhe? Welch Schrecken? Welch Labyrinth
Überrascht die Welt? Was geschieht?
Was wird kommen? Philipp V. ist verstorben!

Diego de Torres Villarroel,
„Sonett" in *Zerstreuungen der Muse* (1751).

Rechtefreier Originaltext unter:
http://www.cervantesvirtual.com/obra/sonetos--8/

55. Wem ähneln die Europäer?

In seinen Unterhaltenden und moralischen Briefen *(1767) stellt Louis-Antoine Caraccioli in Briefform Beobachtungen über die Gepflogenheiten seiner Zeit an. Eine seiner Personen charakterisiert das Benehmen der Europäer in Analogie zur Tierwelt und setzt so die Bewohner der unterschiedlichen Nationen einer Tierart gleich.*

Es läutet Mitternacht und ich verlasse nun Mylord ****, mit dem ich zu Abend aß. Er ist gerade durch Europa gereist, welches er kaltblütig beobachtet hat, ganz dem Charakter seiner Nation gemäß. Ansonsten erscheint er ganz lebhaft und könnte auch für einen Franzosen durchgehen, wenn sein Aussehen nicht den Ausländer verraten würde. Er behauptet, dass sich die Europäer, von wenigen Details abgesehen, ähneln, […].

Er vergleicht die Franzosen mit Eichhörnchen, die Italiener mit Füchsen, die Deutschen mit Kamelen, die Engländer mit Leoparden, die Spanier mit Elefanten.

Louis-Antoine Caraccioli,
Unterhaltende und moralische Brief über die zeitgenössischen Sitten (1767).

Rechtefreier Originaltext unter:
https://books.google.co.uk/books?id=rm0PAAAAQAAJ
&printsec=frontcover

56. Kosmopolitismus

1785 erscheint das Tagebuch einer Reise nach den Hebridischen Inseln mit Doktor Samuel Johnson, *verfasst von seinem Freund, dem Schotten James Boswell,[i] ausgehend von den Reisenotizen Johnsons aus dem Jahre 1773. Das Vorwort enthält die Erklärung eines wahren Kosmopoliten, der zahlreiche europäische Länder bereist hat.*

Ich schmeichele mir, dass ich ein vollkommener Weltbürger bin. — Auf meinen Reisen in Holland, in Deutschland, in der Schweiz, in Italien, in Korsika, in Frankreich befand ich mich, meiner Empfindung nach, nie außer meiner Heimat und ich liebe „jedes Geschlecht, jede Sprache, jede Völkerschaft und jede Nation aufrichtig."

Boswell, *Tagebuch einer Reise nach den Hebridischen Inseln mit Doktor Samuel Johnson* (1785).

Rechtefreier deutscher Text (Edition von 1787) unter:
https://books.google.de/books?id=IzlCAAAAcAAJ&printsec=frontcover

Rechtefreier Originaltext (Edition von 1876) unter:
https://books.google.co.uk/books?id=po8EAQAAIAAJ&printsec=frontcover

---

i   https://commons.wikimedia.org/wiki/File:James_Boswell_by_Sir_Joshua_Reynolds.jpg

57. Das französische Europa

Der von Louis-Antoine Caraccioli hervorgehobene Erfolg der französischen Moden in Europa, angefangen bei der Kleidung, der Möbel oder der Frisuren, habe Folgen für die Identität der Bewohner der anderen Länder, aber auch für den französischen Handel.

Nach einer solchen Entzückung wird man verneinen können, dass es keine Deutsche gebe, welche in der Tat Pariser seien und dass die Handlung nicht ein wirkendes Mittel sei, aus den Europäern Franzosen zu machen?

Louis-Antoine Caraccioli,
Paris, das Muster aller Nationen oder das französische Europa (1777).

Rechtefreier Originaltext (Edition von 1777) unter:
http://gallica.bnf.fr/ark:/12148/bpt6k1156961

Rechtefreie Audioversion des Originaltextes unter:
http://gallica.bnf.fr/ark:/12148/bpt6k1156961/f3.vocal

58. Politisches Gleichgewicht und der Frieden in Zukunft

1752 beschreibt der schottische Philosoph David Hume (1711-1776) in einem Essay über das europäische Kräftegleichgewicht (Of the Balance of Power),[i] das berühmt werden sollte, die europäischen Kriege der Vergangenheit und bringt seinen Wunsch zum Ausdruck, die Beziehungen zwischen den europäischen Mächten mögen sich so entwickeln, dass sie künftig den Frieden garantieren statt Kriege zu verursachen.

Europa hat sich nun über hundert Jahre gegen die größte Macht verteidigt, die vielleicht jemals durch die bürgerliche oder politische Vereinigung der Menschen zusammen gebracht ist. Und einen so kräftigen Einfluss hat der Grundsatz, von dem wir hier handeln, dass, obgleich diese ehrgeizige Nation in vier[ii] von den fünf letzten Kriegen glücklich, und nur in einem[iii] unglücklich gewesen, dieselbe doch ihre Staaten nicht sehr erweitert, noch ein gänzliches Ansehen über Europa erlangt hat. Vielmehr kann man noch immer hoffen, dass man so lange im Stande sein wird zu widerstehen, bis die natürliche Abwechslung menschlicher Dinge, nebst unvorhergesehenen Vorfällen, uns vor einer allgemeinen Monarchie bewahren, und die Welt vor einem so großen Unglück in Sicherheit setzen werden.

In den drei letzten allgemeinen Kriegen hat Großbritannien in dem rühmlichen Kampfe an der Spitze gestanden; und noch erhält es sich bei seinem Stande, dass es der Vormund der allgemeinen Freiheit Europas und der Schutzengel des menschlichen Geschlechts ist. Außer

---

i   http://gallica.bnf.fr/ark:/12148/bpt6k111321p

ii   Die Kriege, die durch den Pyrenäischen, den Nimmwegischen, den Ryswickischen und den Aachner Frieden geendigt sind.

iii Der Krieg, der durch den Utrechter Frieden geendigt ward.

den Vorteilen, die es durch seine Reichtümer und durch seine Lage hat, werden seine Einwohner von einem solchen patriotischen Geiste belebt, und sehen die unschätzbare Glückseligkeit ihrer Regierung so völlig ein, dass wir hoffen, ihre Stärke und ihr Mut werden in einer so notwendigen und gerechten Sache nie ermüden. Es scheint vielmehr, wenn wir nach dem Vergangnen urteilen sollen, dass ihre eifrige Hitze einiger Mäßigung bedarf; und dass sie öfter durch eine löbliche Übermaße, als durch eine tadelhafte Nachlässigkeit etwas versehen haben.

Zum Ersten, es scheint, dass wir mehr von dem alten griechischen eifersüchtigen Geiste als von einer klugen Einsicht in die neuere Staatskunst beseelt worden. Unsre Kriege mit Frankreich sind mit Gerechtigkeit und selbst vielleicht aus Not angefangen; aber sie wurden allemal aus Halsstarrigkeit und Leidenschaft zu weit getrieben. Eben derselbe Friede, der hernach zu Ryswick im Jahre 1697 geschlossen ward, ward uns schon im Jahre 1692 angeboten; der Utrechter Friede, der 1712 geschlossen ward, hätte schon 1708 zu Gertrundenberg auf ebenso gute Bedingung können zu Stande gebracht werden; und wir hätten zu Frankfurt im Jahre 1743 eben die Bedingungen erhalten können, die wir 1748 zu Aachen mit Freuden annahmen. Wir sehen also, dass über die Hälfte von unseren Kriegen mit Frankreich und alle unsre öffentliche Schulden mehr unsrer unverständigen Hitze als dem Ehrgeize unserer Nachbarn zuzuschreiben sind.

Zum Zweiten. Wir sind so offenbar für die Gegner der französischen Macht bekannt, und so wachsam zur Verteidigung unsrer Bundesgenossen, dass sie allemal auf unsre Macht so gut als auf ihre eigene rechnen; und indem sie sich Rechnung machen, den Krieg auf unsere Kosten zu führen, schlagen sie alle billigen Bedingungen zum Vergleiche aus. *Habent subiectos, tanquam fuos; viles, ut alienos.* Alle Welt weiß, dass die parteiische Stimme des Hauses der Gemeinen, nebst der bekannten Gesinnung der Nation, die Ursachen waren, warum die Königin von Ungarn bei ihren vorgeschlagenen Bedingungen so unbeweglich blieb; und dass sich aus dieser Ursache der Vergleich mit dem Könige von Preußen zerschlug, wodurch die allgemeine Ruhe in Europa sogleich wieder würde hergestellt sein.

Zum Dritten. Wir fechten so getreu, dass, wenn wir uns einmal eingelassen haben, wir alle Sorge für uns selbst und unsre Nachkommen aus den Augen setzen und nur darauf denken, unserm Feinde Abbruch zu tun. Die öffentlichen Einkünfte so tief zu verschulden und zu versetzen, als wir in Kriegen getan haben, worin wir nicht die Hauptparteien waren, ist gewiss die unglücklichste Verblendung, worin eine Nation, die auf Staatsklugheit Anspruch macht, nur immer fallen kann. Das Hilfsmittel, öffentliche Fonds aufzurichten, wofern es ein Mittel, und nicht vielmehr ein Gift ist, muss bis zur äußersten Not verschoben werden; und nichts, als das größte und dringendste Übel sollte uns bewegen, zu einem so gefährlichen Mittel Zuflucht zu nehmen.

Diese Ausschweifungen, wozu wir uns haben hinreißen lassen, sind schädlich; und werden vielleicht mit der Zeit auf eine andre Art noch weit schädlicher werden; indem sie Schuld daran sein werden, dass wir, wie gemeiniglich zu geschehen pflegt, auf das entgegengesetzte Äußerste verfallen und ganz sorgenlos und gleichgültig gegen das Schicksal Europas sein werden. Da die Athenienser einsahen, wie viel Schaden sie sich getan hatten, da sie sich in alle Händel mischten; so verlor dieses Volk, das vorher so unruhig und kriegerisch war, und sich so gern um fremde Angelegenheiten bekümmerte, alle Aufmerksamkeit auf die auswärtigen Sachen, und nahm auf keine Weise Teil an irgendeinem Streite, außer dass es dem Sieger schmeichelte.

Solche ungeheure Monarchien, als die sind, worein Europa zu geraten in Gefahr steht, sind, aller Wahrscheinlichkeit nach, der menschlichen Natur nachteilig und schädlich, so wohl in ihrem Fortgange und Dauer,[iv] als auch selbst in ihrem Falle, der niemals von ihrer Gründung weit entfernt sein kann. Der kriegerische Geist, der die Monarchie groß macht, verlässt bald den Hof, die Hauptstadt und den Mittelpunkt einer solchen Regierung; da die Kriege in einer so weiten Entfernung geführt werden, und einen so kleinen Teil des Staats angehen oder berühren. Der alte Adel, der seinem Prinzen aus Neigung zugetan ist, lebt ganz am Hofe, und wird nie Kriegsbedienungen annehmen, die ihn in weit entlegene und barbarische Grenzen bringen würden, wo er, sowohl von seinem Vergnügen als von seinem Glücke, entfernt ist. Die Waffen des Staats müssen also gemieteten Ausländern anvertrauet werden, die keinen Eifer, keine Neigung für den Prinzen und keine Ehre haben; die bereit sind, die Waffen gegen den Prinzen zu richten, und sich zu

---

iv Wenn die römische Monarchie einigen Nutzen stiftete, so kann es bloß daher kommen, dass die Menschen vor der Stiftung derselben überhaupt in einem sehr rauhen und ungesitteten Zustande waren.

jeden verzweifelten Rebellen zu schlagen, der ihnen Gold und Raub anbietet. Dies ist der notwendige Erfolg in menschlichen Dingen; so tut sich die menschliche Natur selbst in ihrer gar zu hohen Erhebung Einhalt; und so arbeitet der Ehrgeiz blindlings an dem Untergange des Eroberers, seiner Familie und aller der Dinge, die ihm angelegen und wert sind. Die Bourbonen, die sich auf den Beistand ihres braven, getreuen und gut gesinnten Adels verlassen, würden sich ihres Vorteils, ohne Zurückhaltung und ohne alle Einschränkung, bedienen. Der Adel, der durch Ruhm und Nacheiferung angefeuert wird, kann die Beschwerlichkeiten und Gefahren des Krieges ertragen; aber nie würde er es sich gefallen lassen, in den Besatzungen von Ungarn und Litauen zu schmachten, und den Staatsstreichen eines jeden Lieblings oder der Maitresse des Prinzen aufgeopfert zu werden. Alsdenn werden die Truppen mit Kroaten und Tartaren, mit Husaren und Kosaken angefüllt, die vielleicht noch mit wenigen Soldaten aus den besten Provinzen, die ihr Glück machen wollen, untermischt sind; und das traurige Schicksal der römischen Kaiser würde aus einerlei Ursachen ganz wiederholt und erneuert werden, bis endlich die Monarchie ganz verfallen würde.

David Hume, *Vermischte Schriften über die Handlung, die Manufakturen und die anderen Quellen des Reichtums und der Macht eines Staats* (1752).

Rechtefreier Originaltext (Edition von 1784) unter:
https://books.google.de/books?id=vl3CuC2TUN8C&pg=PA359

59. Die Gelehrtenrepublik

Unter den großen wissenschaftlichen Fragestellungen, die die Gelehrten der Aufklärung umtrieben, ist die nach dem Vorbeizug des Planeten Venus. 1761 und 1769 haben Wissenschaftler verschiedener Länder das Phänomen untersucht und ihre Ergebnisse im Anschluss an die anderen Gelehrten der scientific community *kommuniziert, woran Cadalso (1741-82) hier in seinen posthum erschienen* Marokkanischen Briefen *erinnert.*

Haben sich nicht die Astronomen aller Länder versammelt, um die Venus zu beobachten, wie sie an der Sonne vorbeizieht? Übermitteln sich die europäischen Wissenschaftler nicht ihre Beobachtungen im Bereich der Astronomie, ihre physikalischen Experimente und ihre Fortschritte in allen Bereichen der Wissenschaften? Jede Nation sollte ihre vier oder fünf besten Gelehrten abordnen, die am wenigsten Vorurteilen nachhängen, die aktivsten und arbeitsamsten, damit sie an den Lehrwerken ihres Landes mitarbeiten. Anschließend sammle man die Resultate dieser Arbeiten einer jeden Nation und schon hätte man eine wahre Universalgeschichte.

José Cadalso, *Marokkanische Briefe* (1789).

Rechtefreier Originaltext unter:
https://es.wikisource.org/wiki/Cartas_marruecas

60. Wird Europa in Zukunft überholt sein?

Jean-Charles Simonde de Sismondi (1773-1842)[i] erwähnt die kulturellen Transferprozesse. Er begrüßt die Rolle, die das arabische Spanien in der europaweiten Text- und Ideenverbreitung spielt. Wenn Athen und auch Rom ihre Pracht verloren haben, könnte dann eine momentan ignorierte Kultur zukünftig in einem noch höheren Glanz erstrahlen?

Wer weiß schon, ob dieses Europa, wo heute Literatur und Wissenschaft regieren, das in einem solch hellen Glanz erstrahlt, das so gütig die Vergangenheit beurteilt, das so gut die aufeinanderfolgende Herrschaft der Literatur und den Sitten der Antike vergleicht, in einigen Jahrhunderten nicht menschenleer und wild sein wird wie die Hügel Mauretaniens, die Wüsten Ägyptens und die Täler Anatoliens? Wer weiß schon, ob sich nicht in einem komplett neuen Land, vielleicht in den hoch gelegenen Landstrichen, wo der Orinoco und der Amazonas entspringen, vielleicht im bis zum heutigen Tag unergründlichen Inneren der Berge Australiens, Völker mit anderen Sitten, Sprachen, Denkweisen und Religionen entwickeln; Völker, die ein weiteres Mal die menschliche Rasse erneuern, die sich, wie wir, mit der Vergangenheit beschäftigen und die, erstaunt darüber, dass wir existiert haben, dass wir wussten, was sie wissen werden, dass wir, wie sie, an die Dauerhaftigkeit und den Ruhm geglaubt haben, unsere ohnmächtige Anstrengung bedauern und die Namen Newtons, Racines und Tassos wachrufen werden als Beispiele für

---

i   https://commons.wikimedia.org/wiki/File:Jean_Charles_de_Sismondi.jpg

diesen vergeblichen Kampf des Menschen um die Unsterblichkeit des Ruhmes, die das Schicksal ihm verweigert?

Jean-Charles Simonde de Sismondi, *Von der Literatur Südeuropas* (1813).

Rechtefreier Originaltext (Edition von 1837) unter:
https://books.google.fr/books?id=LLnJzFIoWcoC
&&printsec=frontcover

61. Gemeinschaft der Philosophen

*Das Ideal einer Union jenseits der Grenzen, dank des Austausches unter
Gelehrten, aber auch generell dank des Austausches zwischen gutwilliger
Menschen, steht im Mittelpunkt des Endes des dritten Teils der bedeutenden
Abhandlung Germaine de Staëls,* Über Deutschland *(1813).*

Wie könnte man ohne die Kenntnis der Sprachen und ohne eine zur
Gewohnheit gewordene Lektüre Umgang pflegen mit Menschen,
welche nicht mehr sind und in denen wir so deutlich unsere Freunde,
unsere Mitbürger, unsere Bundesverwandte erkennen? Man muss sehr
mittelmäßigen Herzens sein, wenn man sich so edlen Freuden versagen
will. Nur die, welche ihr Leben mit guten Werten ausfüllen, können
ohne Studien fertig werden, und die Unwissenheit in geschäftlosen
Menschen spricht ebenso sehr die Trockenheit ihres Gemüts wie die
Leichtfertigkeit ihres Geistes aus.

Und dann bleibt noch etwas sehr Schönes und Moralisches übrig,
was Unwissenheit und Leichtfertigkeit nie genießen können; dies ist
der Verein aller denkenden Menschen von dem einen Ende Europas bis
zum anderen. Bisweilen stehen sie in keiner persönlichen Beziehung
miteinander; oft sind sie durch große Zwischenräume voneinander
getrennt: Aber begegnen sie sich, so reicht ein einziges Wort hin, sich zu
erkennen. Nicht die oder jene Religion, nicht die eine oder die andere
Meinung, nicht die gleiche Art der Studien vereinigt sie; wohl aber der
Anbau der Wahrheit. Bald dringen sie, gleich Bergleuten, in die Tiefe
der Erde, um im Schoße der ewigen Macht die Mysterien der verhüllten
Welt zu ergründen; bald erheben sie sich zum Gipfel des Chimborazo,
um auf dem erhabensten Punkte des Erdballs neue Erscheinungen zu
entdecken; bald studieren sie die Sprache des Orients, um darin die
Urgeschichte des Menschen zu finden; bald wandern sie nach Jerusalem,
um aus heiligen Ruinen einen Funken zu schlagen, der Religion und
Poesie belebt. Kurz, das wahre Volk Gottes sind diese Männer, welche

nicht an dem menschlichen Geschlechte verzweifeln und ihm die Herrschaft des Gedankens bewahren wollen.

Germaine de Staël, *Deutschland* (1813).

Rechtefreier Originaltext (Edition von 1837) unter:
https://books.google.mu/books?id=pEZbAAAAQAAJ
&printsec=frontcover

62. Eine neue Idee in Europa

Am 3. März 1794 (13 ventôse An II nach dem Kalender der Revolution), einige Monate vor seinem Tod auf dem Schafott, war der Revolutionär Louis-Antoine-Léon de Saint-Just[i] im zarten Alter von 26 Jahren noch der Meinung, das französische Beispiel werde zum Glück der Völker jenseits Frankreichs Grenzen führen.

Man beschwindelt ganz Europa mit Nachrichten gegen uns, man beschwindelt alle Völker Europas mit Märchen über unsere Revolution, man parodiert unsere Diskussionen, aber man wird die einzelnen Tatsachen unserer Revolution, die Gesetze, die ihr beschließt, nicht verdunkeln können; sie werden wie der Blitz ganz Europa erhellen. Europa soll wissen, dass ihr keine Unglücklichen und keine Unterdrückten auf Frankreichs Territorium duldet und dieses Beispiel soll die Erde befruchten, es soll die Liebe zum Glück verkünden, denn das Glück ist eine neue Idee in Europa.

Louis-Antoine-Léon de Saint-Just,
„Rede vom 13 ventôse II", *Redner der Revolution* (1834).

Rechtefreier Originaltext (Edition von 1834) unter:
https://books.google.co.uk/books?id=ETsuAAAAMAAJ
&printsec=frontcover

---

i   https://commons.wikimedia.org/wiki/File:Saint_Just.jpg

63. Eine humanitäre Vision

Nach Condorcet (1743-1749) hat derjenige, der ein richtiger Philosoph ist, ein essentielles Ziel: das Los aller Menschen über Nationalität, Religion oder Rasse hinaus zu verbessern. Ein Beispiel hierfür liegt in ihrem Engagement gegen die Sklaverei.

Die Philosophen verschiedener Nationen, die in ihren Überlegungen die Interessen der gesamten Menschlichkeit umfassen, ohne zwischen den einzelnen Ländern zu unterscheiden, bildeten trotz der Differenz ihrer spekulativen Meinungen eine Gruppe, die stark vereint war gegen alle Fehler, gegen jede Art der Tyrannei. Angetrieben durch das Gefühl einer universellen Philanthropie bekämpften sie die Ungerechtigkeit, die, ihrer Heimat fremd, sie nicht erreichen konnte; sie bekämpften sie noch, als ihre Heimat selbst sich dieser Ungerechtigkeit anderen Völkern gegenüber schuldig machte; sie erhoben sich in Europa gegen die Verbrechen, deren Gier die Küsten Amerikas, Afrikas oder Asiens beschmutzte. Die Philosophen Englands und Frankreichs rühmten sich damit, den Namen zu missbrauchen, die Aufgaben der schwarzen Freunde zu erfüllen, deren dummen Tyrannen zu hochmütig waren, sie zum Menschengeschlecht dazuzuzählen. Die Lobreden der französischen Schriftsteller waren der Preis für die von Russland und Schweden bewilligte Toleranz, während Beccaria in Italien die barbarischen Maximen der französischen Rechtsprechung widerlegte.

Marie-Jean-Antoine-Nicolas de Caritat, Marquis de Condorcet, *Skizze einer historischen Abhandlung über den Fortschritt des Menschen* (1794).

64. Das Gleichgewicht der Mächte herstellen?

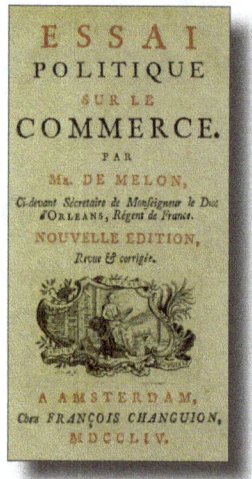

Der in Tulle geborene Jean-François Melon (1675-1738)[i] veröffentlichte 1734 einen Politischen Essay über den Handel, *welcher die merkantilistischen Praktiken verteidigte und im Grunde genommen einer der Vorreiter der physiokratischen Bewegung war. Er stellt das unverkennbar ökonomische Interesse des europäischen Gleichgewichts heraus.*

Endlich hat der Geist der Freiheit unser Europa erhellt. Solange er regiert, wird eine gerechte Balance immer verhindern, dass eine Macht sich durch ihre Eroberungen so sehr erhebt, dass sie die anderen das Fürchten lehrt; und sollten einige vorübergehende Interessen diese glückliche Harmonie stören, hat der Sieger keine Hoffnung mehr, seine Grenzen zu erweitern; alles muss sich vereinen, um sein gefährliches Vorrücken aufzuhalten: Eine Nation kann sich nur durch die Klugheit ihrer eigenen Regierung im Innern vergrößern.

Jean-François Melon, *Essay zur Wirtschaftspolitik* (1734).

Rechtefreier Originaltext (Edition von 1735) unter:
https://books.google.co.uk/books?id=7phaAAAAcAAJ
&printsec=frontcover

---

i   https://commons.wikimedia.org/wiki/File:Melon_-_Essai_politique_sur_le_
      commerce,_1754_-_5717500.tif

65. Tendenz zu einer kulturellen Vereinheitlichung?

In seinen Überlegungen zur Regierung von Polen *(1771)[i] erwähnt Rousseau die Ähnlichkeit, die Europäer unterschiedlicher Herkunft miteinander haben.*

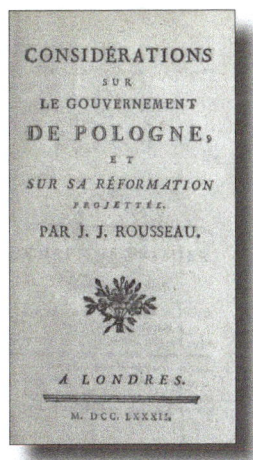

Es gibt heute keine Franzosen, Deutsche, Spanier oder Engländer mehr, wer immer dies auch behaupte; es gibt nur noch Europäer. Alle haben den gleichen Geschmack, die gleichen Leidenschaften, die gleichen Sitten, denn niemand hat eine spezifische nationale Form durch bestimmte Institutionen erhalten.

Jean-Jacques Rousseau, *Überlegungen zur Regierung von Polen* (1771).

Rechtefreier Originaltext (Edition von 1782).
http://gallica.bnf.fr/ark:/12148/bpt6k9626109r

 **Rechtefreie Audioversion des Originaltextes unter:**
http://gallica.bnf.fr/ark:/12148/bpt6k9626109r/f7.vocal

---

i   http://gallica.bnf.fr/ark:/12148/bpt6k9626109r/f7.highres

66. Europa und Afrika

Die Worte des fiktiven Briefschreibers in Cadalsos Marokkanischen Briefen *haben bei zahlreichen Zeitgenossen des Autors Unverständnis hervorgerufen. Dennoch entsprechen seine Feststellungen der Realität: In anderen Gesellschaften, wie z.B. in Marokko, stehen insbesondere im Bereich der Pädagogik Aspekte im Vordergrund, die von den europäischen Erziehern und den Adeligen häufig vernachlässigt werden.*

Berühmtes Anti-Sklaverei Medaillon gezeichnet von Josiah Wedgwood, gegen 1787.[i]

Brief XLII

Von Nuño an Ben-Beley

Durch die Nachrichten, die Gazel mir von Dir übermittelt hat, weiß ich, dass Du ein guter Mann bist und dass Du in Afrika lebst. Über das, was er Dir von mir erzählt hast, weißt Du, dass ich ein guter Mann bin, der in Europa lebt. Ich glaube nicht, dass es mehr bedarf, damit wir uns voneinander eine Meinung bilden können. Wir schätzen uns, ohne uns zu kennen und wenn wir uns treffen würden, wären wir sofort Freunde.

---

i   https://commons.wikimedia.org/wiki/File:Wedgwood_-_Anti-Slavery_Medallion_-
     _Walters_482597.jpg

Der Umgang mit diesem jungen Mann und die Gewissheit, dass Du ihn großgezogen hast, lassen mich Europa verlassen, um nach Afrika zu reisen, wo Du wohnst. Ich muss mich mit einem gelehrten Afrikaner unterhalten, denn ich bin all diese europäischen Gelehrten leid, mit Ausnahme derjenigen, die in Europa leben, als seien sie in Afrika. Ich wünschte, Du könntest mir erklären, welche Methode und welches Ziel Du bei der Erziehung Gazels verfolgt hast. Ich fand ihn wenig verständig, muss ich zugeben, aber er hat das Herz am rechten Fleck; und da ich die Gelehrtheit der guten Gesellschaft in Bezug auf die Tugendhaftigkeit wenig schätze, hätte ich gerne, dass aus Afrika ein Dutzend Erzieher wie Du kämen, um sich um die Erziehung unserer jungen Menschen zu kümmern, statt der europäischen Erzieher, die das Herz der Schüler sich selbst überlassen, um stattdessen deren Köpfe mit Nichtigkeiten zu füllen, wie der französischen Höflichkeit, der spanischen Eitelkeit, italienischer Gesänge und anderer Regeln ähnlicher Wichtigkeit; ohne Zweifel bedeutende Dinge, denn es ist sehr teuer, diese zu unterrichten, aber die mir weniger wichtig erscheinen als die Lebensmaximen, die ich Gazel ausüben sehe.

José Cadalso, *Marokkanische Briefe* (1789).

Rechtefreier Originaltext unter:
https://es.wikisource.org/wiki/Cartas_marruecas

67. Die Erfüllung der Ziele der Natur

In seiner Idee zu einer universellen Geschichte in weltbürgerlicher *Absicht (1784), gibt Immanuel Kant eine Reihe von Vorschlägen, die ihm nützlich für den Menschen erscheinen, damit dieser sein persönliches Schicksal als auch den Lauf der Welt besser verstehe. Er diskutiert die Idee des Fortschritts und spricht von der Idee „eines versteckten Plans der Natur", den es zu erkenne gilt, wenn man eine Nationengemeinschaft nach moralischen Regeln bilden möchte.*

Achter Satz. Man kann die Geschichte der Menschengattung im Großen als die Vollziehung eines verborgenen Plans der Natur ansehen, um eine innerlich—und, zu diesem Zwecke, auch äußerlich—vollkommene Staatsverfassung zu Stande zu bringen, als den einzigen Zustand, in welchem sie alle ihre Anlagen in der Menschheit völlig entwickeln kann. […] Jetzt sind die Staaten schon in einem so künstlichen Verhältnis gegeneinander, dass keiner in der inneren Kultur nachlassen kann, ohne gegen die andern an Macht und Einfluss zu verlieren; also ist, wo nicht der Fortschritt, dennoch die Erhaltung dieses Zwecks der Natur, selbst durch die ehrsüchtigen Absichten derselben ziemlich gesichert. Ferner: bürgerliche Freiheit kann jetzt auch nicht sehr wohl angetastet werden, ohne den Nachteil davon in allen Gewerben, vornehmlich im Handel, dadurch aber auch die Abnahme der Kräfte des Staats im äußeren Verhältnisse, zu fühlen. Diese Freiheit geht aber allmählich weiter. Wenn man den Bürger hindert, seine Wohlfahrt auf alle ihm selbst beliebige Art, die nur mit der Freiheit anderer zusammen bestehen kann, zu suchen; so hemmet man die Lebhaftigkeit des durchgängigen Betriebes, und hiermit wiederum die Kräfte des Ganzen. Daher wird die persönliche Einschränkung in seinem Tun und Lassen immer mehr aufgehoben, die allgemeine Freiheit der Religion nachgegeben; und so entspringt allmählich, mit unterlaufendem Wahne und Grillen, Aufklärung, als ein großes Gut, welches das menschliche Geschlecht sogar von der selbstsüchtigen Vergrößerungsabsicht seiner Beherrscher ziehen muss, wenn sie nur ihren eigenen Vorteil verstehen. Diese Aufklärung aber, und mit ihr auch ein gewisser Herzensanteil, den der aufgeklärte Mensch am Guten, das er vollkommen begreift, zu nehmen nicht vermeiden kann, muss nach und nach bis zu den Thronen hinaufgehen, und selbst auf ihre Regierungsgrundsätze Einfluss haben. Obgleich z. B. unsere Weltregierer zu öffentlichen Erziehungsanstalten und überhaupt zu allem, was das Weltbeste betrifft, vorjetzt kein Geld übrig haben, weil alles auf den künftigen Krieg schon zum Voraus verrechnet ist; so werden sie doch ihren eigenen Vorteil darin finden, die obzwar schwachen und langsamen eigenen Bemühungen ihres Volks in diesem Stücke wenigstens nicht zu hindern. Endlich wird selbst der Krieg allmählich nicht allein ein so künstliches, im Ausgange von beiden Seiten so unsicheres, sondern auch durch die Nachwehen, die der Staat in einer immer anwachsenden Schuldenlast (einer neuen Erfindung) fühlt, deren Tilgung unabsehlich wird, ein so bedenkliches Unternehmen, dabei der Einfluss, den jede Staatserschütterung in unserem durch seine Gewerbe so sehr verketteten Weltteil auf alle andere Staaten tut, so merklich; dass sich diese durch ihre eigene Gefahr gedrungen, obgleich ohne gesetzliches Ansehen, zu Schiedsrichtern anbieten, und so alles von weitem zu einem künftigen großen Staatskörper anschicken, wovon die Vorwelt kein Beispiel aufzuzeigen hat. Obgleich dieser Staatskörper für itzt nur noch sehr im rohen Entwurfe dasteht, so fängt sich dennoch gleichsam schon ein Gefühl in allen Gliedern, deren jedem an der Erhaltung des Ganzen gelegen ist an zu regen; und dieses gibt Hoffnung, dass nach manchen Revolutionen der Umbildung endlich das, was die Natur zur höchsten Absicht hat, ein allgemeiner weltbürgerlicher Zustand, als der Schoß, worin alle ursprüngliche Anlagen der Menschengattung entwickelt werden, dereinst einmal zu Stande kommen werde.

Immanuel Kant, *Idee zu einer universellen Geschichte in weltbürgerlicher Absicht* in *Gesammelte Schriften* (1784).

68. Europa regieren?

Der Graf de Las Cases schreibt auf Sankt Helena die Absichten und Gedanken des gestürzten Kaisers Napoleon auf. Seine Aufzeichnungen vom 24. August 1816 verdeutlichen die Bedeutung bestimmter Strukturen, um die von Napoleon angestrebte Union zu verwirklichen.

Bildunterschrift: Napoleon diktiert in Anwesenheit des Großmarschalls Bertrand und des Grafen de Las Cases seine Memoiren den Generälen Montholon und Gourgaud.

Er ließ daraufhin Revue passieren, was er für die Nachwelt vorgesehen hatte, die Interessen, die Freuden und das Wohlergehen des europäischen Verbandes. Er hatte überall die gleichen Prinzipien und das gleiche System angestrebt; ein europäisches Gesetzbuch, ein europäischer Kassationshof, der für alle die Irrtümer kassiert, wie unser Hof die fehlerhaften Urteile unserer Tribunale kassiert. Eine gemeinsame Währung mit unterschiedlichen Münzen; die gleichen Gewichtseinheiten, die gleichen Maßeinheiten, die gleichen Gesetze, usw. „Europa", sagte er, „hätte bald nur aus einem gemeinsamen Volk bestanden und jeder, wohin auch immer er reiste, hätte sich immer in der gemeinsamen Heimat [aller] befunden.

Emmanuel-Auguste-Dieudonné-Marius de Las Cases,
Denkwürdigkeiten von Sankt Helena, 24. August 1816 (1822-1823).

Rechtefreier deutscher Text (Edition von 1823) unter:
http://reader.digitale-sammlungen.de/de/fs1/object/display/
bsb10422583_00005.html

Rechtefreier Originaltext (Edition von 1823) unter:
https://babel.hathitrust.org/cgi/pt?id=nyp.33433069328346

69. Die Welt kennen, um sie zu verbessern

*Die Entdeckung Amerikas hat, so Condorcet, große Auswirkungen auf die
gesamte Menschheit sowie auf die Freiheit der Völker Europas gehabt. Er hofft
deshalb auf eine friedliche republikanische Zukunft.*

Erst in dieser Zeit lernte der Mensch den Globus kennen, auf dem er
lebt: das Studium der Entwicklung des Menschengeschlechtes unter
natürlicher und gesellschaftlicher Einflüsse in allen Ländern; das
Studium der Landwirtschaft und der Fischerei in allen Klimazonen.
So Ressourcen jeglicher Art, die diese Produktionen den Menschen
liefern und die noch lange nicht aufgebraucht sind und deren ganzes
Ausmaß kaum zu erahnen ist, alles, was die Kenntnis dieser Objekte
zum Studium der neuen Wissenschaften beitragen kann sowie dazu,
bestehende Irrtümer abzubauen. Die Handelsaktivitäten, die der
Industrie und der Schifffahrt zu neuem Aufschwung verholfen haben;
und als natürliche Folge, auch den Wissenschaften und allen Künsten;
die Kraft, die diese Aktivität den freien Nationen verliehen hat, um
gegen die Tyrannen zu kämpfen, den unterjochten Völkern, um sich
von ihren Ketten zu befreien sowie die Lehnsherrschaft zu lockern: Dies
sind die glücklichen Folgen dieser Entdeckungen. Aber diese Vorteile
sühnen nicht das, was sie der Menschheit zugefügt haben, in dem
Moment, in dem Europa, als es auf das unterdrückende und engstirnige
System des Handelsmonopols verzichtete, sich darauf besann, dass alle
Menschen aller Klimazonen, natürlich gleich und brüderlich vereint,
nicht von der Natur hervorgebracht worden sind, um den Hochmut
und Geiz einiger privilegierter Nationen zu pflegen; dass sie vielmehr,
angesichts besserer Erkenntnis ob ihrer wahren Interessen, alle Völker
dazu aufrufen, die Unabhängigkeit, die Freiheit und das Wissen
miteinander zu teilen. Leider muss man sich immer noch fragen, ob
diese Entwicklung die ehrbare Frucht der Entwicklung der Philosophie
sein wird oder nur, wie wir es bereits sehen konnten, die beschämende

Fortsetzung nationaler Eifersüchteleien und der Auswüchse der Tyrannei.

Jean-Antoine-Nicolas de Caritat , Marquis de Condorcet, *Skizze einer historischen Abhandlung über den Fortschritt der Menschheit* (1794).

Rechtefreier Originaltext (Edition von 1822) unter:
https://books.google.de/books?id=hRIPAAAAQAAJ
&printsec=frontcover

70. Das Ende der Kriege in Europa?

Benjamin Constant,[i] schließt in seinem Werk Über den Geist der Eroberung und der widerrechtlichen Aneignung im Zusammenhang mit der europäischen Zivilisation *(1814), ein Kapitel mit dem Titel „Über den Geist der Eroberungen im heutigen Europa" ein. Er kommt damit auf ein Thema zurück, das ihm am Herzen liegt: das Zeitalter der Kriege sei, oder besser gesagt, sollte überholt sein.*

Eine Regierung, die heute ein europäisches Volk zum Krieg oder zu Eroberungen anhalten möchte, würde einen primitiven und unheilbringenden Anachronismus begehen. Sie würde daran arbeiten, ihrer Nation etwas aufzuerlegen, was ihrer Natur zuwiderläuft. Keines der Motive, die in früheren Zeiten Menschen dazu brachte, so große Gefahren und Anstrengungen auf sich zu nehmen, existiert heute noch. Man müsste den Menschen andere Gründe liefern, die aus dem aktuellen Stand der Gesellschaft herrühren. Man müsste sie zum Kampf motivieren durch eben diese Liebe zum Genuss, der sie gerade zum Frieden tendieren lässt. Unser Zeitalter, das ganz auf Nützlichkeit ausgerichtet ist und wenn man sie in eine andere Richtung lenken wollte, mit Ironie auf überflüssigen oder wirklichen Enthusiasmus reagiert, wäre nicht bereit, einen sterilen Ruhm zu nähren, der von uns nicht mehr geschätzt wird. Anstelle dieses Ruhmes müsste man die Freude setzen, anstelle des Triumphs die Plünderung. Man schaudert, wenn man darüber nachdenkt, was ein aus solchen Motiven genährter militärischer Geist bedeuten würde.

Benjamin Constant, *Über den Geist der Eroberung und der widerrechtlichen Aneignung im Zusammenhang mit der europäischen Zivilisation*[ii] (1814).

---

i   https://www.flickr.com/photos/fdctsevilla/4189272153
ii   http://gallica.bnf.fr/ark:/12148/bpt6k1157300

DE L'ESPRIT

DE CONQUÊTE

ET

DE L'USURPATION,

DANS LEURS RAPPORTS

AVEC LA CIVILISATION EUROPÉENNE.

Par BENJAMIN DE CONSTANT-REBECQUE,
MEMBRE DU TRIBUNAT, ÉLIMINÉ EN 1802, CORRESPONDANT DE LA
SOCIÉTÉ ROYALE DES SCIENCES DE GOTTINGUE.

TROISIÈME ÉDITION,

REVUE ET AUGMENTÉE.

PARIS,

Chez { LE NORMANT, Libraire, rue de Seine, n° 8;
{ H. NICOLLE, Libraire, même rue, n° 12.

M. DCCC. XIV.

Rechtefreier Originaltext (Edition von 1814) unter:
http://gallica.bnf.fr/ark:/12148/bpt6k1157300

Rechtefreie Audioversion des Originaltextes unter:
http://gallica.bnf.fr/ark:/12148/bpt6k1157300/f4.vocal

71. Zukunftsvisionen

Gemäß der Berichte der ihm Nahestehenden bestätigt Napoleon,[i] als Gefangener auf Sankt Helena, dass die Zukunft Europas in einer größeren Einigung liegt.

Der Anstoß ist gegeben und ich denke, dass nach meinem Fall und dem Verschwinden meines Systems in Europa kein anderes großes Gleichgewicht möglich ist als durch die Verschmelzung und Konföderation der großen Völker.

Las Cases, Emmanuel Auguste Dieudonné Marius Joseph de, *Denkwürdigkeiten von Sankt Helena oder Tagebuch, in welchem alles, was Napoleon in einem Zeitraume von 18 Monate gesprochen und getan hat, Tag für Tag aufgezeichnet ist* (1823).

Rechtefreier Originaltext unter:
https://babel.hathitrust.org/cgi/pt?id=nyp.33433069328346

---

i   https://commons.wikimedia.org/wiki/File:Napoleon_crop.jpg

72. Kritik am Eurozentrismus

Als Leser des philosophischen Märchens Micromégas *von Voltaire schreibt Cadalso hier an seinen Freund, den Fabelautoren Iriarte, und bezeugt in seinen spöttischen Worten die große Verbreitung der Bilder, Texte und Ideen der Aufklärung und angesichts dessen, das Bewusstsein der spanischen Intellektuellen bezüglich der politischen Rückständigkeit ihres Landes.*

Im meistbesuchtesten Café einer der wichtigsten Städte des Planeten, den wir Saturn nennen, pflegt man die neuesten Zeitschriften zu lesen, und in einem der letzten Absätze einer dieser Publikationen stand diese Neuigkeit, die zum Gesprächsstoff unter Politikern, Geistlichen, Angehörigen des Militärs, Gelehrten und Juristen dieser Gegend wurde. Sie erreichte mich wie durch den Zauber einer meiner Nachbarinnen, einer Hexe. Dies war zu lesen:

> „Auf einem kleinen Stern aus Fest- und Wasserstoffen, der sich um die große und einzige Lichtquelle dreht, gibt es einen kleinen Teil, den man Europa nennt, bewohnt von besonders verabscheuungswürdigen Tieren, die sich Menschen schimpfen. Ein Teil dieses Europas, praktisch gänzlich bevölkerungslos und bar jeglicher Bildung, heißt Spanien."

José Cadalso, *Brief an Tomás de Iriarte* (um 1774).

Rechtefreier Originaltext unter:
http://www.cervantesvirtual.com/obra-visor/cartas-de-cadalso-a-toms-de-iriarte-0/html/01de8e8a-82b2-11df-acc7-002185ce6064_2.html

73. Politische Hegemonie und europäische Einigung

Auf Sankt Helena erwähnt Napoleon die paneuropäische Dimension seines politischen Projektes vor Las Cases und zeigt, dass für ihn das Projekt eines großen Reiches auf unterschiedlichen Ebenen von Bedeutung war und zu einer politischen Gelegenheit wurde, die ihres gleichen suchte.

Napoleon Bonaparte diktiert den Generälen Montholon und Gourgaud im Beisein des Groß-Marschalls Bertrand und des Grafen von Las Cases seine Memoiren.[i]

Einer meiner großen Gedanken war die Verschmelzung und Konzentration aller Völker, die geographisch zu einer Nation gehören, und durch Revolutionen oder durch die Politik zerstückelt worden waren. So rechnet man in Europa, obgleich zerstreut, mehr als dreißig Millionen Franzosen, fünfzehn Millionen Spanier, fünfzehn Millionen Italiener, dreißig Millionen Deutsche.

Aus jedem dieser Völker wollte ich eine einzige und einige Nation bilden. Mit einem solchen Gefolge selbstständiger Völker ließ sich's herrlich der Nachwelt, und den Segnungen der Jahrhunderte entgegengehen!

Eine solche summarische Vereinfachung hätte es möglich gemacht, sich dem schönen Traum idealischer Zivilisation zu überlassen; in einem solchen Zustande konnte man Gelegenheit finden, die Gesetzbücher, die Grundsätze, Gefühle, Meinungen, Hoffnungen und Interessen

---

i https://commons.wikimedia.org/wiki/File:Napoléon_Ier_dictant_ses_mémoires.jpg

der Völker in Harmonie zu bringen. Dann hätte man, begünstigt von allgemein verbreiteter, aufgeklärter Bildung, daran denken können, für die Familie europäischer Völker einen amerikanischen Kongress, einen griechischen Gerichtshof der Amphiktyonen zu Stande zu bringen. Welche Aussicht alsdann auf Gedeihen, Glück, Größe und Macht! Welch ein erhabenes, prachtvolles Schauspiel!

Las Cases, Emmanuel Auguste Dieudonné Marius Joseph de, *Denkwürdigkeiten von Sankt Helena oder Tagebuch, in welchem alles, was Napoleon in einem Zeitraume von 18 Monaten gesprochen und getan hat, Tag für Tag aufgezeichnet ist* (1823).

Rechtefreier deutscher Text (Edition von 1823) unter:
http://reader.digitale-sammlungen.de/de/fs1/object/display/
bsb10422583_00005.html

Rechtefreier Originaltext (Edition von 1823) unter:
https://babel.hathitrust.org/cgi/pt?id=nyp.33433069328346

74. Europa ohne Grenzen

Unter den Autoren, die darauf verweisen, dass der Frieden Garant kultureller Austauschprozesse sei, war auch der Marquis de Pezay, der eine epigrammatische Wendung für die positiven Folgen solcher Beziehungen fand: „Ein Volk führt selten gegen ein Anderes Krieg, mit dem es einen intensiven Umgang pflegt.“

Neben dem Vorteil, den der Reisende aus der Verbesserung der Wege zieht, die neuerdings fast ganz Europa durchqueren, ergibt sich aus dieser großen Vielfalt der Straßen noch eine befriedigendere Vorstellung als die der Bequemlichkeit.

Die Bequemlichkeit des Reisenden zählt nicht. Sie wird gerade zum Nachteil dieser Gegebenheiten im Vergleich zu anderen gravierenderen Zielen, die mit der Verbesserung der großen Straßen zusammenhängen. Als tatsächlich noch Felswände neben den Sänften hochragten, als sich noch wenige reiche Menschen in ihren Kutschen herumfahren ließen und noch mehr zu Pferde unterwegs waren und dabei ihre Seelen sowie ihre Knochen ermüdeten, war dies nicht schlimm. Aber der tatsächliche Vorteil der Bequemlichkeit der Straßen, von dem sich tausende andere ableiten lassen, ist der universelle Aufruf, der mit an die Händler ergeht, und der sich daraus ergebende Austausch an Waren und Gütern. Es ist die Kette einer gefestigten Gesellschaft, die gleichsam ausgedehnt ist durch die Macht der gegenseitigen Abhängigkeit und befriedet durch die Bequemlichkeit dieses Austausches. Es ist die Vielfalt der Beziehungen, die zwischen den Völkern entstehen. Es sind die im Keime erstickten nationalen Vorurteile, die wenn nicht erstickt so wenigstens abgeschwächt sind durch den Umgang der Nationen miteinander. Es ist die Behutsamkeit im Umgang miteinander und der Sitten, die Perfektion der Künste und der Frieden. Ein Volk führt selten gegen ein Anderes Krieg, mit dem es einen intensiven Umgang pflegt.

Alexandre-Frédéric-Jacques de Masson de Pezay,
Abende in der Schweiz, im Elsass und in der Franche-Comté (1771).

75. Zahlreiche Einflüsse

Als wahrer Europäer, mit Verbindungen in die Schweiz, nach England und Italien, Freund der Germaine de Staël und der anderen Mitglieder der Gruppe von Coppet, erkennt Jean-Charles Simonde de Sismondi, als er mit seiner Darstellung der südeuropäischen Literaturen beginnt, die Bedeutung der unterschiedlichen Traditionen an und bedauert dabei, diese nicht besser zu kennen. In seinem Werk geht er insbesondere auf die Philosophie, die Poesie und die Ursprünge der Wissenschaften bei den Arabern ein als Katalysatoren der kulturellen Entwicklung.

Ich beherrsche keine der orientalischen Sprachen und dennoch ist es das Arabische, das im Mittelalter der europäischen Literatur ganz neue Anregungen gegeben hat und damit auch richtungsweisend für den menschlichen Geist gewesen ist. Ich beherrsche keine der slawischen Sprachen und dennoch loben die Polen und Russen literarische Reichtümer aus, über die ich meinen Lesern nur vom Hörensagen berichten kann. Von den germanischen Sprachen kann ich nur Englisch und Deutsch; und die Literatur der Holländer, Dänen und Schweden ist mir nur sehr unzulänglich zugänglich, nämlich mittels deutscher Übersetzungen. Allerdings haben die Sprachen, die ich weitgehend beherrsche, eine große Anzahl an Meisterwerken hervorgebracht, deren Geist zugleich der originellste und neueste ist, und der Weg, den ich noch vor mir habe, scheint mir noch sehr lang.

Jean-Charles Simonde de Sismondi, *Die Literatur Südeuropas* (1813).

Rechtefreier Originaltext (Edition von 1837) unter:
https://books.google.fr/books?id=LLnJzFIoWcoC
&&printsec=frontcover

76. Welche Zukunft für Europa?

Johannes von Müller,[i] ein Schweizer Gelehrter, der mit zahlreichen seiner Zeitgenossen in Briefkontakt stand, erwähnt in einem Brief aus dem Jahre 1778 die Bedeutung der Geschichte für die Vorausdeutung in die Zukunft. Er fühlt die Veränderungen, die sich für das europäische Kräftegleichgewicht ankündigen.

Es ist unglaublich, wie schön die Historie ist, aber der Historiker, da er über alle Punkte der Staatsverwaltung schreiben muss, bedarf aller Kenntnisse, die ein König haben sollte. Burgoynes Unglück muss mächtig wirken auf die Manier der Geschichtsschreiber, denn da sich Zeiten zubereiten, in welchen unser Weltteil vielleicht nicht mehr das erste Land der Welt sein wird, so werden die lokalen Kleinigkeiten, welche allein für besondere Fürsten wichtig sind, aus der Historie verbannt werden; hingegen wird man die ganze Historie der Alten und Neuern mit gleichem Auge, und verhältnisweise zu den bevorstehenden neuen Revolutionen betrachten, als ein Magazin von Staatsregeln, deren keine, wo nicht in dieser, doch in der neuen Welt, ohne Anwendung

---

i   https://commons.wikimedia.org/wiki/File:JvMueller.jpg

bleiben wird. Europa spielt vielleicht den letzten Aktus, und wir sind also nunmehr geschickter, jeden Umstand in dem großen Schauspiel, dessen Entwicklung sich nähert, zu schätzen, und ihm in den Annalen die gehörige Stelle anzuweisen, mein edler und einiger Freund.

Johannes von Müller, *Briefe an Carl Victor von Bonstetten* (1778).

Rechtefreier Originaltext unter:
http://gallica.bnf.fr/ark:/12148/bpt6k9633042c

Rechtefreie Audioversion des Originaltextes unter:
http://gallica.bnf.fr/ark:/12148/bpt6k9633042c/f9.vocal

77. Der Charakter des modernen Austausches

In Über die Freiheit der Alten, verglichen mit der der Modernen (De la liberté des anciens comparée à celle des modernes) *(1819), einer Rede, die im königlichen Athenäum zu Paris gehalten wurde, greift Benjamin Constant das Thema der Beschaffenheit des Handelsaustauschs als Ausdruck der europäischen Beziehungen wieder auf, indem er behauptet, dass diese Krieg verhindern.*

Die Zersplitterung selbst Europas in mehrere Staaten ist dank des Fortschritts der Aufklärung mehr Schein als Sein. Während jedes Volk in vergangenen Zeiten eine isolierte Familie darstellte, einen von anderen Familien geborenen Feind, existiert heute eine Masse an Menschen unter unterschiedlichen Namen und unter unterschiedlichen Formen sozialer Organisation, aber von homogener Natur. Sie ist stark genug, um die Horden der Barbaren nicht fürchten zu müssen. Sie ist aufgeklärt genug, um zu erkennen, dass der Krieg eine Belastung für sie ist. Ihre einheitliche Gesinnung zielt auf den Frieden hin.

Diese Unterscheidung führt zu einer weiteren. Der Krieg liegt vor dem Handel; denn Krieg und Handel sind nur zwei unterschiedliche Arten, um dasselbe Ziel zu erreichen, nämlich zu besitzen, was man begehrt. Der Handel ist nur eine Würdigung der Kraft des Besitzers durch den Anwärter auf den Besitz. Es ist ein Versuch, nach einer Vereinbarung das zu erhalten, was man nicht mehr mit Gewalt zu erobern hofft. Ein Mensch, der immer der stärkste wäre, käme niemals auf die Idee, Handel zu betreiben. Der Handel ist die Erfahrung, welche, indem sie dem Schwächeren beweist, dass der Krieg, das heißt der Einsatz seiner Kraft gegen die Kraft anderer, ihn verschiedener Widerstände und Niederlagen aussetzt und welche ihn daher dazu bringt, sich des Handels zu bedienen, das heißt, eines sanfteren Mittels, das sicherer das Interesse eines anderen weckt und diesen dazu bringt, dem zuzustimmen, was in seinem Interesse liegt. Krieg ist Impuls, Handel ist Kalkül. Doch deshalb wird notwendigerweise eine Zeit kommen, in der der Handel den Krieg ersetzt. Wir sind in diesem Zeitalter angekommen.

Ich will nicht behaupten, dass es bei den Alten keine Handelsvölker gab. Doch diese Völker stellten in gewisser Weise eine Ausnahme von der allgemeinen Regel dar. […] Der Handel war damals ein glücklicher Zufall, heute ist er der Normalfall, das einzige Ziel, die allgemeine Gesinnung, das richtige Leben der Nationen. Sie wollen die Ruhe, mit der Ruhe den Wohlstand und als Quelle des Wohlstands die Industrie. Der Krieg ist jeden Tag ein ineffizienteres Mittel, um Wünsche zu erfüllen. Seine Möglichkeiten bieten weder Individuen noch Nationen die Wohltaten, die die Ergebnisse des friedlichen Handels und des regelmäßigen Austausches versprechen. Bei den Alten führte ein erfolgreicher Krieg zu mehr Sklaven, zu mehr Tributen, zu mehr Land, zu mehr allgemeinem und individuellem Reichtum. Bei den Modernen kostet ein siegreicher Krieg unweigerlich mehr als er einbringt.

Endlich gibt es dank Handel, Religion und intellektuellem sowie moralischem Fortschritt der Menschheit keine Sklaven in den europäischen Nationen mehr. Freie Menschen können alle Berufe ausüben und müssen sich um alle Belange der Gesellschaft kümmern.

Benjamin Constant,
Die Freiheit der Alten, verglichen mit der der Modernen (1819).

78. Die Einheit der Maße

Nach Pierre-Simon Laplace (1749-1827), Senator und Mathematiker, sollten gleiche Anhaltspunkte für eine gemeinsame Kultur sorgen. Unter Napoleon verteidigt er 1813 die Verbreitung eines einheitlichen Systems der Maße und Gewichte.

Dank seines Genies wird ganz Europa bald eine einzige große Familie bilden, geeint durch die gemeinsame Religion, ein gemeinsames Rechtsystem und die gleichen Maße und Gewichte.

Pierre-Simon Laplace, *Vorstellung des Systems der Welt* (1813).

Rechtefreier Originaltext (Edition von 1813) unter:
https://archive.org/details/expositiondusys01laplgoog

79. Die deutsch-französische Freundschaft als Garant für Frieden in Europa

Victor Hugo (1802-1885),[i] Dichter, Roman- und Dramenautor, Politiker der französischen Romantik, veröffentlicht 1842 seinen Bericht über seine Reise nach Deutschland, die er gemeinsam mit seiner Frau Juliette unternahm. Dem Bericht folgt eine zweite erweiterte Version aus dem Jahre 1845 mit dem Titel Der Rhein, Briefe an einen Freund. *Der Autor denkt darin über die Besonderheiten der deutsch-französischen Beziehungen nach und ihrer Bedeutung für den Frieden in Europa.*

Was bleibt also von der ehemaligen Welt übrig? Wer steht noch aufrecht in Europa? Zwei Nationen allein: Frankreich und Europa.

Wohlan, das möchte hinreichen. Frankreich und Deutschland sind so recht wesentlich Europa. Deutschland ist das Herz, Frankreich ist der Kopf.

Deutschland und Frankreich sind so recht eigentlich die Zivilisation. Deutschland fühlt, Frankreich denkt.

Gefühl und Gedanke sind der ganze zivilisierte Mensch. Zwischen beiden Völkern besteht ein inniger Zusammenhang, eine unleugbare Blutsverwandtschaft. Sie sind von demselben Stamme; gemeinschaftlich haben sie gegen die Römer gekämpft; sie sind Brüder in der Vergangenheit, Brüder in der Gegenwart, Brüder in der Zukunft.

Die Art ihres Ursprungs war eine gleiche. Sie sind kein Inselvolk, keine Eroberer; sie sind die rechten Ureinwohner Europas. [...]

Damit die Welt im Gleichgewicht bleibe, ist es unumgänglich notwendig, dass Europa gleichsam als die zwei Schlusssteine des Kontinentalgewölbes zwei große rheinische Staaten aufweise, beide befruchtet und innig verbunden von diesem wiedergebärenden Strome: den Einen derselben, Deutschland, nördlich und östlich, gestützt auf

---

i   https://commons.wikimedia.org/wiki/File:Victor_Hugo_001.jpg

das baltische, das adriatische und das Schwarze Meer, mit Schweden, Dänemark, Griechenland und den Fürstentümern an der Donau als Gewölbepfeilern; den Anderen, Frankreich, südlich und westlich, gestützt auf das mittelländische Meer und den Ozean, mit Italien und Spanien als Gegenpfeilern. […]

Europa muss sich ihrer [England und Russland] erwehren.

Das alte Europa, das aus einem verwinkelten Baue bestand, ist zusammengefallen; das gegenwärtige Europa ist von viel einfacherer Gestalt. Es besteht fast ganz aus Frankreich und Deutschland, den doppelten Punkten, an welchen sich im Norden wie im Süden die Gruppe der Völker anschließen muss.

Die Allianz Frankreichs und Deutschlands ist die Konstitution Europas. Deutschland freundlich an Frankreich angestützt, hält Russland auf. Frankreich freundlich an Deutschland angestützt, hält England auf.

Die Uneinigkeit Frankreichs und Deutschland ist die gewaltsame Zertrennung Europas. Deutschland feindlich gegen Frankreich gerichtet, lässt Russland leicht hereindringen; Frankreich feindlich gegen Deutschland gerichtet, lässt England herbeikommen.

Glücklicherweise sind weder Frankreich noch Deutschland Egoisten. Sie sind zwei aufrichtige, uneigennützige und edle Nationen; einst ein Volk aus Rittern, jetzt ein Volk aus Denkern; einst groß durch das Schwert, jetzt groß durch den Geist. Ihre Gegenwart wird ihre Vergangenheit nicht Lügen strafen; Geister sind nicht weniger großmütig als Schwerter.

Hier die Lösung: jeden Grund des Hasses zwischen beiden Völkern abschaffen; die Wunde in unserer Seite von 1815 schließen; die Spuren einer leidenschaftlichen Reaktion auslöschen. Frankreich das wiedergeben was ihm Gott gegeben hat, das linke Rheinufer. […]

In einer gewissen Zeit wird Frankreich seinen Teil am Rheine und seine natürlichen Grenzen haben.

Diese Lösung wird Europa seine rechte Gestalt verleihen, die menschliche Gesellschaft beschützen und den definitiven Frieden gründen. Alle Völker werden dabei gewinnen. Spanien zum Beispiel, das immer berühmt geblieben, wird wieder mächtig werden können. England möchte aus Spanien den Markt seiner Erzeugnisse, den Stützpunkt seiner Schifffahrt machen; Frankreich wird Spanien zur Schwester seines Einflusses, seiner Politik und seiner Zivilisation machen wollen. Es wird an Spanien sein zu wählen: Entweder fortfahren, herunter zu gehen oder beginnen, neu empor zu steigen; eine Filiale von Gibraltar oder ein Gegenpfeiler Frankreichs zu sein.

Spanien wird die Größe wählen. Es gestaltet sich bereits sichtbar und deutlich im Morgendämmer der zukünftigen Dinge die unausweichliche Zukunft des gesamten Kontinents. Ist einmal der Grund zum Hasse verschwunden, so hat Europa kein Volk mehr zu fürchten. Deutschland sträube seine Mähne und stoße sein Gebrüll aus gegen den Orient; Frankreich spreize seine Flügel aus und schleudere seinen Blitz gegen den Okzident. Dem gefürchteten Bündnisse des Löwen und des Adlers wird die Welt gehorchen. [...]

Man missverstehe unsere Idee nicht: Wir sind der Meinung, Europa müsse in jedem Falle gegen Revolutionen wachsam und gegen Kriege gerüstet sein; aber wir glauben zugleich, dass die bereits vor so vielen Stürmen und Klippen gerettete Zivilisation, wenn kein außer der menschlichen Vorsehung liegendes Ereignis den majestätischen Gang des neunzehnten Jahrhunderts stört, sich täglich von jener Charybdis, welcher der Krieg heißt, und von jener Scylla, welche man Revolution nennt, mehr und mehr entfernen werde.

Eine Utopie, mag sein! Aber man vergesse nicht, dass, wenn sie zum selben Ziele strebe wie die Menschheit, das heißt nach dem Guten, Rechten und Wahren, die Utopien des einen meist die Taten des nächsten Jahrhunderts sind. Es gibt Menschen, die sagen: „Das wird geschehen" und andere die sagen: „Hier ist's". Der ewige Friede war ein Traum bis zu dem Tage, wo der Traum zur Eisenbahn geworden und die Erde mit einem festen, haltbaren und belebendem Netzte umflochten hat. Matt ist die Ergänzung des Abbes Saint-Pierre. [...]

Damit ein ewiger Friede möglich und die Theorie zur Wirklichkeit wurde, bedurfte es zweier Dinge: eines Beförderungsmittels für die rasche Erfüllung der Interessen und eines solchen Mittels für den raschen Austausch der Ideen; in anderen Worten eine einfache und herrschende Art des Transportes und eine allgemeine Sprache. Diese beiden Bindemittel, welche die Grenzen der Reiche und der Geister niederreißen, die Welt hat sie jetzt: Die Eisenbahn ist das erste, und die französische Sprache das andere.

Dies sind im neunzehnten Jahrhundert für alle im Fortschritt begriffenen Völker die beiden Mittel der Verbindung, das heißt der

Zivilisation, das heißt des Friedens. Man fährt im Wagon und spricht französisch. […]

Nehmen wir also wieder auf. Unserer Ansicht zufolge, und wenn die Zukunft bringt, was wir erwarten, muss die Möglichkeit der Kriege und der Revolutionen täglich abnehmen. Der allgemeine Frieden ist eine Hyperbel, deren ewig auslaufenden Linien das Menschengeschlecht folgt.

Diesen glanzvollen Schwunglinien zu folgen, ist das Gesetz der Menschheit. Im neunzehnten Jahrhundert wandern alle Völker, selbst Russland […] und England und werden immer darauf hinwandern.

Victor Hugo, *Der Rhein* (1842-1845).

Rechtefreier deutscher Text (Edition von 1842) unter:
https://books.google.de/books?id=5kJIAQAAMAAJ&
printsec=frontcover

Rechtefreier Originaltext (Edition von 1884) unter:
http://gallica.bnf.fr/ark:/12148/bpt6k37469b

 Rechtefreie Audioversion des Originaltextes unter:
http://gallica.bnf.fr/ark:/12148/bpt6k37469b/f3.vocal

Bibliographie

Boccage, Marie-Anne du: *Œuvres, Lettres sur l'Angleterre, la Hollande et l'Italie*, Lyon, Frères Périsse, 1770, Bd. 3, S. 13, S. 37.
http://gallica.bnf.fr/ark:/12148/bpt6k107281v (französische Ausgabe)
http://gallica.bnf.fr/ark:/12148/bpt6k107281v/f2.vocal (französisches Hörbuch)

Boswell, James: *Tagebuch einer Reise nach den Hebridischen Inseln mit Doktor Samuel Johnson*, Lübeck, Christian Gottfried Donatius, 1787, S. 15.
https://books.google.de/books?id=IzlCAAAAcAAJ&printsec=frontcover
https://books.google.de/books?id=jbJfAAAAcAAJ&printsec=frontcover (englische Ausgabe)

Cadalso, José: *Cartas marruecas*, Biblioteca virtual Miguel de Cervantes.
https://es.wikisource.org/wiki/Cartas_marruecas:_02 (spanische Ausgabe)

Cadalso, José: *Lettre à Tomás de Iriarte*, Biblioteca Nacional de Madrid, Ms. K, um 1774, S. 356.
http://www.cervantesvirtual.com/obra-visor/cartas-de-cadalso-a-toms-de-iriarte-0/html/01de8e8a-82b2-11df-acc7-002185ce6064_2.html (spanische Ausgabe)

Caraccioli, Louis-Antoine: *Herrn Marquis Caraccioli königlich–polnisch– und kursächsische Schriften. Paris, das Muster aller Nationen oder das französische Europa. Aus dem Französischen übersetzt*, Augsburg, Matthäus Riegers, 1778, S. 34-38, S. 39, S. 54-56, S. 109-113, S. 150-153, S. 159-162, S. 225-230.
http://gallica.bnf.fr/ark:/12148/bpt6k1156961 (französische Ausgabe)
http://gallica.bnf.fr/ark:/12148/bpt6k1156961/f3.vocal (französisches Hörbuch)

Caraccioli, Louis-Antoine: *Lettres récréatives et morales sur les mœurs du temps*, Paris, Nyon, 1767, Bd. 2, S. 289, S. 297-298.
https://books.google.co.uk/books?id=rm0PAAAAQAAJ&printsec=frontcover (französische Ausgabe)

Condorcet, Marie-Jean-Antoine-Nicolas de Caritat, marquis de: *Esquisse d'un tableau historique des progrès de l'esprit humain*, Paris, Masson, 1822, S. 157-158, S. 213.
https://books.google.de/books?id=hRIPAAAAQAAJ&printsec=frontcover (französische Ausgabe)

Constant, Benjamin: *De l'esprit de conquête et de l'usurpation dans leurs rapports avec la civilisation européenne*, Ficker, 1814, S. 17-18.
http://gallica.bnf.fr/ark:/12148/bpt6k1157300 (französische Ausgabe)
http://gallica.bnf.fr/ark:/12148/bpt6k1157300/f4.vocal (französisches Hörbuch)

Constant, Benjamin: *De la liberté des anciens comparée à celle des modernes, Collection complète des ouvrages, publiés sur le gouvernement représentatif et la constitution actuelle, ou Cours de politique constitutionnelle*, Bd. 4, Paris, Béchet et Rouen, Béchet fils, 1820, S. 245-248.
http://etienne.chouard.free.fr/Europe/Docs/Constant_Benjamin_Liberte_anciens_modernes_1819.pdf (französische Ausgabe)

Coyer, Gabriel: *Voyage d'Italie et de Hollande*, Paris, Veuve Duchesne, 1775, 2 t. en 1 vol., Bd. 2, S. 53.
http://gallica.bnf.fr/ark:/12148/bpt6k103467z (französische Ausgabe)

Espiard de La Borde, François Ignace d': *Esprit des nations*, La Haye, Beauregard, 1752; Kapitel II „Des causes physiques du génie des nations", Bd. 1, S. 4-7; Bd. 2, S. 218-222.
https://books.google.co.uk/books?id=o2Q9AQAAMAAJ&printsec=frontcover (französische Ausgabe)

Gibbon, Edward: *Geschichte des Verfalls und Untergangs des Römischen Reichs*, Frankfurt und Leipzig, 1802, Bd. 9, S. 167.
https://books.google.de/books?id=nqxhAAAAcAAJ&printsec=frontcover
https://books.google.de/books?id=O3fPdF_3q1YC&printsec=frontcover (englische Ausgabe)

Graffigny, Françoise de: *Lettres d'une Péruvienne*, Genève, 1777, S. 78-79.
http://gallica.bnf.fr/ark:/12148/bpt6k62721455 (französiche Ausgabe)
http://gallica.bnf.fr/ark:/12148/bpt6k62721455/f4.vocal (französiches Hörbuch)

Herder, Johann Gottfried: *Ideen zur Philosophie der Geschichte der Menschheit*, Riga und Leipzig, Hartknoch, 1784, Bd. 1, S. 46-47.
https://books.google.de/books?id=I8hOAAAAcAAJ&printsec=frontcover

Herder, Johann Gottfried: *Ideen zur Philosophie der Geschichte der Menschheit*, Riga und Leipzig, Hartknoch, 1786, Bd. 2, S. 36, S. 259.
https://books.google.de/books?id=GegOAAAAQAAJ&printsec=frontcover

Herder, Johann Gottfried: *Ideen zur Philosophie der Geschichte der Menschheit*, Hildburghausen, 1871, Bd. 3, S. 256-257, S. 281-282, S. 557.
https://books.google.de/books?id=sq0xAQAAMAAJ&printsec=frontcover

Hugo, Victor: *Victor Hugos sämtliche Werke. Der Rhein Zweiter Teil*, Frankfurt/ Main, Sauerländer, 1842, Bd. 19, S. 276, S. 279, S. 328, S. 331, S. 332, S. 331, S. 335.
https://books.google.de/books?id=5kJIAQAAMAAJ&printsec=frontcover
(Band 2)
http://gallica.bnf.fr/ark:/12148/bpt6k37469b (französische Ausgabe)
http://gallica.bnf.fr/ark:/12148/bpt6k37469b/f3.vocal (französisches Hörbuch)

Hume, David: *Vermischte Schriften über die Handlung, die Manufakturen und die andern Quellen des Reichtums und der Macht eines Staats*, Leipzig, Adam Heinrich Hollens Witwe, 1766, S. 36-39, S. 139-144.
https://books.google.de/books?id=us_3IQ-v3McC&printsec=frontcover
https://books.google.de/books?id=HYK4SGjqwagC&printsec=frontcover
(englische Ausgabe)

Iriarte, Tomás de: „Fábula XLI: El té y la salvia", *Fábulas literarias*, Madrid, Imprenta Real, 1782, S. 80.
http://albalearning.com/audiolibros/iriarte/41te.html (spanische Ausgabe)
http://albalearning.com/SONIDO/iriarte/albalearning-41te_iriarte.mp3
(spanische Hörbuchdatei)

Jaucourt, Louis de: „Europe", in *Encyclopédie ou Dictionnaire raisonné des sciences, des arts et des métiers*, Paris, Briasson, David, Le Breton Durand, 1751, Bd. 1, S. 211-212.
https://commons.wikimedia.org/w/index.php?title=Category:Encyclop%C3%A9die_Volume_6&filefrom=ENC+6-0201.jpg#/media/File:ENC_6-0211.jpg
(französische Ausgabe)

Kant, Immanuel: *Zum ewigen Frieden. Ein philosophischer Entwurf*, Frankfurt und Leipzig, o. V., 1796, S. 6-7, S. 28, S. 32-33, S. 36, S. 37-38, S. 43, S. 57-58.
https://books.google.de/books?id=4Vvx2TIe8HEC&printsec=frontcover

Kant, Immanuel: *Idee zu einer universellen Geschichte in weltbürgerlicher Absicht*, *Gesammelte Schriften*, Neuwied, Haupt, 1793, S. 23-24, S. 25-28.
https://books.google.de/books?id=cPs9AAAAcAAJ&printsec=frontcover

Laplace, Pierre-Simon: *Exposition du système du monde*, 4. Auflage, Paris, Veuve Courcier, 1813, Bd. 1, S. 142.
https://archive.org/details/expositiondusys01laplgoog (französische Ausgabe)

Las Cases, Emmanuel Auguste Dieudonné Marius Joseph de: *Denkwürdigkeiten von Sanct Helena oder Tagebuch, in welchem alles, was Napoleon in einem Zeitraume von 18 Monaten gesprochen und getan hat, Tag für Tag aufgezeichnet ist*, Stuttgart, 1823, Bd. 7, S. 125-126, S. 131.
http://reader.digitale-sammlungen.de/de/fs1/object/display/
bsb10422583_00005.html (Bd.7)
https://babel.hathitrust.org/cgi/pt?id=nyp.33433069328346;view=1up;seq=13
(französische Ausgabe)

Leprince de Beaumont, Marie: *Der Frau Maria le Prince de Beaumont lehrreiches Magazin für junge Leute, besonders junge Frauenzimmer, zur Fortsetzung des Magazins für Kinder, nach deutscher Art eingerichtet*, Wien, 1775, S. 109-110.
https://books.google.de/books?id=rbFeAAAAcAAJ&printsec=frontcover
http://gallica.bnf.fr/ark:/12148/bpt6k5773041g (französische Ausgabe)
http://gallica.bnf.fr/ark:/12148/bpt6k5773041g/f2.vocal (französisches Hörbuch)

Leszczynski, Stanislas: *Entretien d'un Européen avec un insulaire du Royaume de Dumocala*, Nancy, 1752, S. 60-64.
http://gallica.bnf.fr/ark:/12148/bpt6k84469n (französische Ausgabe)

Masson de Pezay, Alexandre-Frédéric-Jacques de: *Les soirées Helvétiennes, Alsaciennes et Franc-Comtoises*, Amsterdam, 1771, S. 310-311.
https://books.google.co.uk/books?id=G5sOAAAAQAAJ&printsec=frontco
ver (französische Ausgabe)

Melon, Jean-François: *Essai Politique sur le Commerce*, Amsterdam, François Changuion, 1735, S. 102.
https://books.google.co.uk/books?id=7phaAAAAcAAJ&printsec=frontcover
(französische Ausgabe)

Montesquieu: *Des Herrn Montesquieu Werk vom Geist der Gesetze*, Altenburg, in der Richterischen Buchhandlung, 1782, Bd. 2, S. 326-329.
http://reader.digitale-sammlungen.de/de/fs1/object/display/
bsb10770020_00005.html
http://classiques.uqac.ca/classiques/montesquieu/de_esprit_des_lois/
partie_4/esprit_des_lois_Livre_4.pdf (französische Ausgabe)

Montesquieu: Hundert und einunddreißigster Brief, in Stern, Adolf: *Volksbibliothek der Literatur des Achtzehnten Jahrhunderts. Vierter Teil: Montesquieu's Persische Briefe. Deutsch von Adolf Strodtmann*, Berlin, 1866, S. 240-242.
https://books.google.de/books?id=N_8HAAAAIAAJ&printsec=frontcover
https://fr.wikisource.org/wiki/Lettres_persanes (französische Ausgabe)

Müller, Johannes von: *Briefe an Carl Victor von Bonstetten*, in *Sämtliche Werke*, Tübingen, J. G. Cotta'schen Buchhandlung, 1812, S. 264.
https://books.google.de/books?id=6BxLAQAAMAAJ&hl=de

Muratori, Louis-Antoine: *Della pubblica felicità, oggetto de' buoni principi*, Lucca, o.V., 1750, S. 29, S. 48.
https://books.google.de/books?id=3SRnd5k3HHsC&printsec=frontcover
(italienische Ausgabe)

Napoléon: *Correspondance de Napoléon Ier*, Paris, Plon et Dumaine, 1858-1870.
http://gallica.bnf.fr/ark:/12148/bpt6k6296221w (französische Ausgabe)
http://gallica.bnf.fr/ark:/12148/bpt6k6296221w/f9.vocal (französisches Hörbuch)

Nivernois, Louis-Jules Barbon Mancini-Mazarini, duc de: *Fables de Mancini-Nivernois*, Paris, Didot, 1796, Bd. 2, S. 142.
https://archive.org/details/fablesdemancinin02nive (französische Ausgabe)

Novalis: *Die Christenheit oder Europa*, in Ludwig Tieck und Frau Schlegel (Hrsg.), *Novalis Schriften*, Paris, Baudry's europäische Buchhandlung, 1840, S. 175-177.
https://books.google.de/books?id=YVII_r16u24C&printsec=frontcover

Robertson, William: *Geschichte der Regierung Kaiser Carls des V. Nebst einem Abrisse des Wachsthums und Fortgangs des gesellschaftlichen Lebens in Europa, bis auf den Anfang des sechszehenten Jahrhunderts*, Braunschweig, Fürstl. Waysenhaus-Buchhandlung, 1778, Bd. 1, S. 111-113, S. 173.
https://books.google.de/books?id=jL5eAAAAcAAJ&printsec=frontcover
https://books.google.co.uk/books?id=AG4VAAAAYAAJ&printsec=frontcover
(englische Ausgabe)

Rousseau, Jean-Jacques: *Considérations sur le gouvernement de Pologne*, London, o.V., 1782.
http://gallica.bnf.fr/ark:/12148/bpt6k9626109r (französische Ausgabe)
http://gallica.bnf.fr/ark:/12148/bpt6k9626109r/f7.vocal (französisches Hörbuch)

Rousseau, Jean-Jacques: *Œuvres*, Paris, Defer de Maisonneuve, 1793, S. 413.

Rousseau, Jean-Jacques: *Extrait sur le Projet de paix perpétuelle* (1761), in J.-J. Rousseau, *Œuvres complètes*, Paris, Dalibon, 1826, Bd. 6, S. 400-408.
http://gallica.bnf.fr/ark:/12148/bpt6k2051816 (französische Ausgabe)

Rousseau, Jean-Jacques: *Jugement sur la paix perpétuelle*, in J.-J. Rousseau, *Œuvres complètes*, Paris, Dalibon, 1826, Bd. 6, S. 440-447.
http://gallica.bnf.fr/ark:/12148/bpt6k2051816 (französische Ausgabe)

Saint Just, Louis-Antoine-Léon de: „Bericht über die Anwendung der Dekrete gegen die Feinde der Revolution", in *Redner der Revolution*, Berlin, 1925, Bd. 3, S. 20-21.
https://books.google.co.uk/books?id=ETsuAAAAMAAJ&printsec=frontcover (französische Ausgabe)

Saint-Pierre, Charles-Irénée Castel von: *Der Traktat vom ewigen Frieden*
http://gutenberg.spiegel.de/buch/der-traktat-vom-ewigen-frieden-7664/8
http://gallica.bnf.fr/ark:/12148/bpt6k86492n?rk=21459;2 (französische Ausgabe; Band I) http://gallica.bnf.fr/ark:/12148/bpt6k864930?rk=42918;4 (französische Ausgabe; Band II)

Simonde de Sismondi, Jean-Charles: *De la littérature du Midi de l'Europe*, Brüssel, Dumont, 1837, Bd. 1, S. 6, S. 48.
https://books.google.fr/books?id=LLnJzFIoWcoC&printsec=frontcover (französische Ausgabe)

Schiller, Friedrich: „Ode an die Freude", wikisource,
https://de.wikisource.org/wiki/Ode_an_die_Freude

Schlegel, Friedrich: „Reise nach Frankreich", in F. Schlegel (Hrsg.), *Europa. Eine Zeitschrift*, Frankfurt/M., Friedrich Wilmans, 1803, Bd. 1, S. 37-39.
https://books.google.de/books?id=NoBaAAAAIAAJ&printsec=frontcover

Schlegel, August Wilhelm: „Abriss von den europäischen Verhältnissen der deutschen Literatur", in A. W. Schlegel, *Kritische Schriften*, Berlin, Georg Reimer, 1828, Bd. 1, S. 3-7.
https://books.google.de/books?id=DXZKAAAAcAAJ&printsec=frontcover

Staël, Germaine de: *Ueber Litteratur in ihren Verhältnissen mit den gesellschaftlichen Einrichtungen und dem Geiste der Zeit*, Leipzig, bei Pet. Phil. Wolf und Komp., 1801, Bd. 1, S. 196-197, S. 199-203.
http://digitale-sammlungen.gwlb.de/index.php?id=6&no_cache=1&tx_dlf%5Bid%5D=1979&tx_dlf%5Bpage%5D=1&tx_dlf%5Bpointer%5D=0
http://gallica.bnf.fr/ark:/12148/bpt6k61078256/f2.image (französische Ausgabe)
http://gallica.bnf.fr/ark:/12148/bpt6k61078256/f2.vocal (französisches Hörbuch)

Staël, Germaine de: *Corinna oder Italien*, Bildburghausen, Verlag des Bibliographischen Instituts, 1868, S. 41-42.
https://books.google.de/books?id=dBCVjutsZjAC&printsec=frontcover
https://www.archive.org/stream/corinneoulitalie01stauoft?ref=ol#page/n5/mode/2up (französische Ausgabe)

Staël, Germaine de: *Deutschland. Aus dem Französischen übersetzt*, Reutlingen, J.J. Mädenschen Buchhandlung, 1815, Bd. 2, S. 278, Bd. 3, S. 203-204.
https://books.google.de/books?id=JFwAAAAAcAAJ&printsec=frontcover
(Band 2)
https://books.google.de/books?id=NlwAAAAAcAAJ&printsec=frontcover
(Band 3)
https://books.google.mu/books?id=pEZbAAAAQAAJ&printsec=frontcover
(französische Ausgabe)

Supplément à l'Encyclopédie, Amsterdam, Rey, 1776, Bd. 1, S. 93.
http://gallica.bnf.fr/ark:/12148/bpt6k50550x/f1.image (französische Ausgabe)

Sully, Maximilian von Bethune, Herzog von: *Denkwürdigkeiten. Maximilian von Bethün, Herzogs von Sülly*, Zürich, 1786, Bd. 7, S. 453, S. 463-468, S. 476-477, S. 489-490.
http://reader.digitale-sammlungen.de/de/fs1/object/display/
bsb10415487_00003.html
https://books.google.de/books?id=t-iAVIeyd8UC&printsec=frontcover
(französische Ausgabe)

Torres Villarroel, Diego de: „Sonetos", in *Entretenimientos del Numen. Varias poesías*, Salamanca, Impr. Antonio Joseph Villagordo y Alcaraz, 1751, Bd. 7, o. S.
http://www.cervantesvirtual.com/obra/sonetos--8/ (spanische Ausgabe)

Villers, Charles de: *Constitutions des trois villes libres-anséatiques, Lubeck, Brêmen et Hambourg, avec un Mémoire sur le rang que doivent occuper ces villes dans l'organisation commerciale de l'Europe*, Leipzig, Brockhaus, 1814, S. 98-143.
https://books.google.co.uk/books?id=deBYAAAAcAAJ&printsec=frontcover
(französische Ausgabe)

Voltaire: *Essai sur les mœurs et l'esprit des nations*, 1756, in *Œuvres de Voltaire*, Hrsg. M. Beuchot, Paris, Lefèvre, 1829-1834, Bd. 18, S. 488-490.
http://gallica.bnf.fr/ark:/12148/bpt6k375239 (französische Ausgabe)

Voltaire: *Le siècle de Louis XIV*, 1751, in *Œuvres complètes de Voltaire*, Paris, Garnier, 1878, Bd. 14, S. 159-175.
https://fr.wikisource.org/wiki/Le_Siècle_de_Louis_XIV (französische Ausgabe)

Tolerance
The Beacon of the Enlightenment

Translated by Caroline Warman, et al.

https://www.openbookpublishers.com/product/418

Denis Diderot
'Rameau's Nephew' — 'Le Neveu de Rameau'
A Multi-Media Bilingual Edition

*Edited by M. Hobson. Translated by K.E. Tunstall and
C. Warman. With music specially performed by the Conservatoire
national supérieur de musique et de danse de Paris*

https://www.openbookpublishers.com/product/498

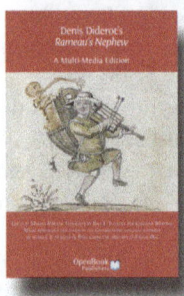

L'idée de l'Europe au Siècle des Lumières

Textes réunis par Rotraud von Kulessa et Catriona Seth

https://www.openbookpublishers.com/product/610

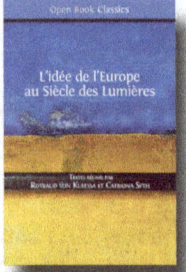

The Idea of Europe
Enlightenment Perspectives

*Texts selected by Catriona Seth and Rotraud von Kulessa.
Translated by Catriona Seth et al.*

https://www.openbookpublishers.com/product/637

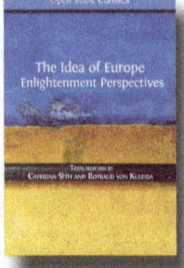